dtv

Es kann schon mal vorkommen, daß einem das Lachen vergeht. Wichtiger ist allerdings, daß es wieder zurückkommt! Lachen und Weinen gehören zusammen, und ein bißchen Galgenhumor ist allemal besser als Selbstmitleid und Verzweiflung. Geben doch, wie die hier versammelten Geschichten, Anekdoten, Gedichte und Witze beweisen, die Gründe für unser Unglücklichsein oft genug auch zur Heiterkeit Anlaß. Die Torheit der Regierenden zum Beispiel, der Hochmut der Ärzte, die Eitelkeit der Vorgesetzten und die Verbohrtheit des anderen Geschlechts, unsere eigenen Schwächen nicht zu vergessen, die uns ja auch oft im Weg stehen. So will diese kleine Blütenlese uns sagen: Es geht uns besser, wenn wir zu den Dingen und zu uns selbst ein bißchen Distanz haben.

Lach doch wieder!

Geschichten, Anekdoten,
Gedichte und Witze

Zusammengestellt von
Helga Dick und Lutz-W. Wolff

Deutscher Taschenbuch Verlag

Originalausgabe
April 1993
10. Auflage Dezember 2001
Deutscher Taschenbuch Verlag GmbH & Co. KG,
München
www.dtv.de
Alle Rechte vorbehalten
(Siehe auch Quellenhinweise S. 163 ff.)
Umschlagkonzept: Balk & Brumshagen
Umschlagbild: Ausschnitt des Gemäldes
›Die Sixtinische Madonna‹ (um 1513) von Raffaello Santi
(© AKG, Berlin)
Gesetzt aus der Stempel Garamond 12/14· (Linotron 202)
Gesamtherstellung: Druckerei C. H. Beck, Nördlingen
Gedruckt auf säurefreiem, chlorfrei gebleichtem Papier
Printed in Germany · ISBN 3-423-25137-9

Inhalt

ERMA BOMBECK: Humor ist, wenn man..... 7
AXEL HACKE: Ein Radler fährt schwarz 9
ILSE GRÄFIN VON BREDOW: Das Kusinchen . 12
CHRISTIAN MORGENSTERN: Der Schnupfen . 27
Lach doch wieder!.................. 28
PETER BAMM: Dämon 39²............. 30
EUGEN ROTH: Der Husten............ 36
URSULA HAUCKE: Onkel Fred kann immer
   ganz ernst bleiben, wenn er spinnt 37
HERBERT ROSENDORFER: Die springenden
   Alleebäume...................... 40
EUGEN ROTH: Autos überall!.......... 45
CHRISTINE NÖSTLINGER: Verschwiegen wie
   ein altes Waschweib 46
SIEGFRIED LENZ: Ein sehr empfindlicher
   Hund........................... 48
Lach doch wieder!.................. 56
IRMGARD KEUN: Die Brüllzelle 58
AXEL HACKE: Alles vergeblich 62
ELKE HEIDENREICH: Staat und Umwelt 64
EUGEN ROTH: Kranke Welt 67
SINASI DIKMEN: Kein Geburtstag, keine
   Integration 68
Lach doch wieder!.................. 88

INGE HELM: Vergeßlichkeit liegt bei uns in
der Familie 90
TRUDE EGGER: Manchmal hab ich das
Gefühl, der Eierschneider mag ihn lieber
als mich 93
ART BUCHWALD: Der Elektriker kommt! ... 97
MICHAIL SOSTSCHENKO: Eine geheimnisvolle
Geschichte 101
LISA FITZ: I bin traurig 105
JOHANN PETER HEBEL: Der Zahnarzt 107
EUGEN ROTH: Apotheker 111
Lach doch wieder! 112
HANS SCHEIBNER: Die Eumeniden von
Ohlsdorf 114
LUDWIG THOMA: Der Münchner im
Himmel 117
ERMA BOMBECK: Es geht wieder aufwärts ... 120
EUGEN ROTH: Seltsam genug 124
RODA RODA: Großmutter reitet 125
CHRISTINE NÖSTLINGER: Werter Nach-
wuchs 140
Lach doch wieder! 142
LUDWIG THOMA: Missionspredigt 144
PHYLLIS THEROUX: Die besten Dinge im
Leben 147
EUGEN ROTH: Wohlstand 155
KURT TUCHOLSKY: In der Hotelhalle 157

Die Autoren..................... 163

Erma Bombeck
Humor ist, wenn man ...

In vielem sind mein Mann und ich grundverschieden. Zum Beispiel in der Frage, was wir komisch finden.

Neulich abends erzählte ich ihm eine sehr amüsante Anekdote. Eine Frau wird von einem Meinungsforscher gefragt, ob sie eine gute Hausfrau sei, beispielsweise das Bett ihres Mannes mache, solange er noch im Bad sei. Sie entgegnet ihm temperamentvoll: »Machen? Ehe der zurück ist, habe ich das Bett verkauft!«

Stirnrunzelnd meinte mein Mann: »So früh am Morgen kauft kein Mensch ein Bett.«

Dann rächte er sich – mit der Geschichte von dem sprechenden Hund, der im Varieté und im Nachtclub auftritt. »Und eines Tages, wurde der Hund krank und mußte operiert werden. Und danach bekam er nirgends mehr einen Job.«

»Wieso?« fragte eine unserer Freundinnen.

»Weil er nur noch dasaß und bellte.«

Die Männer brüllten vor Lachen, ich dachte schon, es zerreißt sie. Die Frauen saßen da und schauten verwirrt.

»Liebling«, schaltete ich mich ein, »du hast es falsch erzählt. Der Hund hat nicht nur gebellt. Er bekommt keinen Job mehr, weil er nur noch von seiner Operation spricht.«

»Aber das ist doch kein Witz«, sagte er.

»Dafür kann ich nicht«, konterte ich. »Du hast eben deinen Witz vermurkst.«

»Wenn es mein Witz ist, kann ich ihn doch erzählen, wie *ich* will, oder? Warum sollte der Hund über etwas so Unangenehmes wie eine Operation sprechen? Weißt du, was du bist, du bist ein bißchen zurückgeblieben. Wenn ich erzählt hätte, daß der Hund sein Krankenhausbett verkauft hat, ehe er wieder drinlag, hättest du dich kaputtgelacht.«

Axel Hacke
Ein Radler fährt schwarz

Dieser Samstag wäre ein herrlicher Tag gewesen, wenn nicht ... Also es war folgendes: Ich hatte mit meinem neuen Rennrad Leute auf dem Land besucht, fünfzig Kilometer vor München. Wir hatten im Garten gesessen, ich hatte ein Weißbier getrunken, und es war wunderbar, ich hatte noch ein Weißbier getrunken, wir hatten gelacht und gescherzt, und ich hatte ein weiteres Weißbier getrunken, ich hätte ja eigentlich längst wieder zurückfahren wollen, da trank ich ein herrlich kühles, erfrischendes Weißbier, es wurde dunkel, na ja, ein Weißbier zum Abschied – dann radelte ich zurück, trotz inständiger Bitten meiner Gastgeber. »Hört zu«, rief ich, »was sind fünfzig Kilometer bei fünf Weißbier?! Ich fahre nicht Auto, ich radele bloß.«

Nach acht Kilometern war jene Energie verpufft, die fünf Weißbier verleihen, ich atmete schwer. Nach zehn Kilometern fiel mir auf, daß das Licht hinten kaputt war. Nach elf Kilometern hatte ich einen schweren Wadenkrampf links. Nach zwei weiteren Kilometern ging in einem dunklen, kalten Waldstück das Licht vorne aus. Ich versuchte, eine Ersatzbirne einzuschrauben, aber beim ersten Versuch fiel sie hinunter, rollte zur Seite, verschwand im Graben neben der Straße. Ich robbte durch das taunasse Gras, suchte, suchte, suchte – nichts. Ich schrie meine Wut in den Wald. Im nächsten Dorf, drei Kilometer weiter, gab es eine S-Bahn-Station. Ich radelte, von neuen Krämpfen heimgesucht, im Finstern dorthin, von Autos wütend angehupt. Im Ort schrie ein Halbwüchsiger: »Sie haben vergessen, Ihr Licht anzumachen!«

Die Bahn war vor zehn Minuten gefahren. Die nächste kam in einer halben Stunde. Der Fahrpreis, zu entrichten an einem Automaten, betrug 7,80 DM. Ich hatte nur ein Fünfmarkstück. Fünf Mark in der Tasche, fünf Weißbier' im Kopf. Ich stand allein in der Nacht. Schwarzfahren hasse ich, erspart mir eine Rechtfertigung. Liebe schwarzfahrende Freunde, haltet mich für einen feigen Kleinbürger, es lebe die Anarchie – aber ich kann es einfach nicht. Von einem dieser Kontrolleure in karierten Hemden und schwarzen Lederjacken zur Rechenschaft gezogen zu werden: gräßlich. Ich beschloß, eine Fahrkarte für 4,80 DM zu kaufen, um so einen Teil des Fahrpreises zu entrichten und für den Fall, daß man mich stellen würde, meinen guten Willen beweisen zu können. Das Fünfmarkstück fiel klappernd durch. Als ich es herausnehmen wollte, merkte ich, daß jemand einen Kaugummi in den Geldauswurf gepappt hatte.

Die fünf Mark waren mit widerwärtiger weißer Klebemasse überzogen, die ich durch Putzen mit dem Taschentuch nur verteilte, nicht aber zu entfernen vermochte. Ich warf das Geldstück wieder in den Automaten. Er nahm es, gab aber keine Fahrkarte heraus; der Kaugummi hielt das Geld in den Eingeweiden des Gerätes fest. Ich trommelte gegen das Blech. Die S-Bahn kam.

Ich stieg ein und fuhr mit, schwarz, schwarz, schwarz, hatte Angst vor karierten Hemden und schwarzen Lederjacken, legte mir Erklärungen zurecht, fürchtete, an einer fremden Station den Wagen verlassen zu müssen, fiel zu Hause erschöpft, verschwitzt, verängstigt ins Bett.

Wahrscheinlich wird man von mir nach diesem öffentlichen Bekenntnis ein erhöhtes Beförderungsentgelt verlangen. Sollen sie doch. Ist mir alles egal.

Ilse Gräfin von Bredow
Das Kusinchen

Vaters Gefühle gegenüber seinem Schwager waren zwiespältig. »Der gute Karl weiß nicht nur alles, er weiß auch alles besser«, schimpfte er gern. Die beiden kabbelten sich oft, was Onkel Karl jedoch nicht hinderte, allein oder mit der Familie häufig mal eben von seinem zwei D-Zugstunden entfernten Gut »auf einen Sprung« zu uns zu kommen.

Uns Kindern war Onkel Karl ziemlich gleichgültig. Wir liebten Tante Sofie, und wir haßten unsere gleichaltrige Kusine Elisabeth.

Klein-Didi, wie sie von ihrem Vater zärtlich genannt wurde, war ein rechtes Goldkind. Sie hatte seidiges, blondes Haar, und ihre Haut verdunkelte sich in der Sommersonne nicht wie bei uns zu einem schmutzigen Braun, sondern behielt bis in den Winter hinein einen warmen Honigton. Teure Ballettstunden hatten dafür gesorgt, daß ihre Bewegungen anmutig und geschmeidig waren. Sie liebte es, sich wohlgefällig im Spiegel zu betrachten, sich vor ihm hin und her zu wenden und ihr Körperchen wie Knete zu streicheln und zu betasten.

Wir waren froh, wenn wir von den Erwachsenen in Ruhe gelassen wurden. Sie aber trieb sich mit Vorliebe bei ihnen herum und war ganz Ohr, wenn uralte Familiendramen neu aufgebacken wurden. Vater mochte es nicht, wenn man ihm zu nahe auf den Pelz rückte. Er machte deshalb jedesmal unwillkürlich eine scheuchende Bewegung, als wollte er eine lästige Katze verjagen, wenn sie sich zwischen ihn und ihren Vater auf das Sofa quetschte. Onkel Karl war dagegen ganz vernarrt in seine Tochter. »Na, mein Mäuschen«, schnurrte er, und Didi warf ihr langes, offenes Goldhaar zurück, so daß es Vater unangenehm in der Nase kitzelte, und piepste: »Ach, Papilein.«

Für uns war sie eine scheinheilige, verlogene, boshafte Hexe, raffiniert genug, uns Geschwister im Handumdrehen gegeneinander aufzuhetzen, so daß wir den verdutzten Eltern unerwartet den Anblick dreier sich streitender, prügelnder kleiner Idioten boten, während Didi selbst, ein Bild süßer Harmonie, still in einer Ecke saß und, vor sich hinsummend, eifrig malte. Meinen sonst schon recht vernünftigen Bruder Billi verhexte sie beim Angeln derart, daß er wie ein Irrer lachte, anstatt ihr eine zu kleben, als sie die gefangenen Plötzen und Barsche wieder zurück in den See warf. Ja, er entblödete sich nicht, ihr dabei noch zu helfen, während Bruno, der Krepel, vor Wut über so viel Schwachsinn fast einen seiner epileptischen Anfälle bekam.

Vor Didis Habgier war nichts sicher. Sie klaute

mir meine gläserne Lieblingsmarmel, in die ein weißes Lamm eingeschlossen war, und köpfte unsere schönsten Papierpuppen, ohne daß wir ihr etwas nachweisen konnten. Ihr letzter Besuch bei uns im Forsthaus war besonders unerfreulich gewesen. Die schlimmste Gemeinheit hatte sie sich noch kurz vor ihrer Abreise geleistet. Vater war mit Tante Sofie ins Kinderzimmer gekommen, als sie sofort losquengelte: »Mami, Omamis Spieluhr.«

»Ja, ja, das Leben ist voller Erinnerungen«, sagte Tante Sofie, die herzensgute, ohne zu begreifen, worauf ihre Tochter eigentlich hinauswollte.

»Aber sie gehört mir«, rief das Goldkind. »Kannst Paps fragen.«

»Das ist mir neu«, sagte Tante Sofie.

»Vera hat sie von ihrer Großmutter bekommen. Ich war selbst dabei, als Mutter sie ihr geschenkt hat«, sagte Vater.

»Aber natürlich, Alfred«, beschwichtigte ihn Tante Sofie. »Die Sache ist doch nicht der Rede wert.«

Aber für Didi war sie es durchaus. Sie steckte sich hinter ihren Vater, und Onkel Karl hatte eine kleine Aussprache mit Tante Sofie, die daraufhin mit unglücklichem Gesicht zu Vater ging. Er kämmte mir gerade das Haar, was er gern tat, und sah sie erstaunt an. »Was hast du denn?« fragte er.

Tante Sofie tat einen tiefen Seufzer. »Karl läßt

mir mal wieder keine Ruhe. Er behauptet fest, unserer Elisabeth gehöre die Spieldose, so stünde es auch im Testament. Er sagt, sie habe einen beträchtlichen Wert. Du kennst ihn ja.«

»Bin ich vielleicht ein Erbschleicher?« Vater ließ seine Gekränktheit an meinen Haaren aus, und ich schrie. »Meinetwegen kann eure Elisabeth dieses verdammte Ding haben. Ich werde es Vera erklären. Sie ist eine sehr vernünftige Person.«

Vera jedoch dachte nicht daran, eine vernünftige Person zu sein. Sie weinte und wütete, bis Vater ratlos schnauzte: »Schluß jetzt, benimm dich! Reiß dich zusammen, stell dich nicht an!«

Triumphierend zog unsere Kusine mit der Spieldose ab, und Abend für Abend mußten wir in unseren Betten mit anhören, wie aus ihrem Zimmer das Lied ertönte: ›Mein Hut, der hat drei Ekken.‹

Vera strampelte vor Wut und sagte: »Eines Tages bring' ich sie um. Ich erwürge sie mit meinen eigenen Händen.« Eine Redensart, die sie irgendwo aufgeschnappt hatte.

»Leere Drohungen«, sagte ich.

»Wirst schon sehn«, versicherte Vera.

Und jetzt stand uns Didi schon wieder ins Haus.

»Können die nicht mal in den Ferien woanders hinfahren«, brummte Billi. Vorsorglich versteckten wir, woran unser Herz hing: einen Bismarckkopf, auf dem man Gras säen konnte, eine aufziehbare Maus, den Karton mit den Papierpuppen und unsere Schuhspangen vom Lumpenmann.

Wie gewöhnlich reiste die Familie mit dem Abendzug an. Als Mamsell den Spargelpudding aus dem Wasserbad nahm, hielt der Wagen vor dem Haus. Zuerst pellte sich Onkel Karl zappelig wie gewöhnlich aus den Decken und sprang aus dem Wagen. »Schlechte Zeiten, Alfred, schlechte Zeiten.« Er küßte Mutter die Hand. Ihm folgte, füllig und schweigsam, Tante Sofie. Sie bedachte jeden von uns mit einem freundlichen, aber abwesenden Lächeln. In der Familie galt sie als etwas eigentümlich, weil sie oft in Gedanken versunken vor sich hinstarrte. In Wahrheit war sie wohl nur ein wenig träge und litt mit stoischer Ruhe unter ihrem ungeduldigen und rechthaberischen Mann. Hinter ihr hüpfte unsere Feindin vom Trittbrett. Den Schluß bildete Wilhelma, ein gutartiges, unterdrücktes, ziemlich häßliches Wesen, das von seiner älteren Schwester unter dem Deckmantel größter Fürsorge schikaniert wurde.

»Gib mir meine Brille wieder«, hörten wir Wilhelma klagen. Sie stolperte und schlug sich das Knie auf.

Didi drehte sich nach ihr um. »Paß doch auf, Dummchen.«

»Immer nimmst du sie mir weg«, weinte die Kleine.

»Nur, damit du sie nicht verlierst.« Didi wischte ihr mit dem Taschentuch so kräftig über die Schramme, daß Wilhelma aufschrie und nach ihr schlug.

»Aber, aber!« Onkel Karl drehte sich nach seiner kleinen Tochter um. »Wie kann man sich nur so anstellen. Heb lieber deine Füße.«

»Ich seh' aber nichts«, schrie Wilhelma.

»Du mußt nicht immer das letzte Wort haben«, verwies sie der Onkel. »Kinder in deinem Alter sollten überhaupt nicht so viel reden.«

Wir Geschwister sahen uns an. Die Kleine konnte einem leid tun.

Unsere Kusine war kaum eine Stunde im Haus, und schon hatte sie es mühelos fertiggebracht, uns bis ins Mark zu kränken. Sie hatte fünf Vornamen – wir hatten nur drei. Sie besaß eine echte Vollblutstute – Vera nur ein Hinkebein als Pferd. Ich würde dieselbe dicke Nase wie Onkel Adalbert, der Puffbiber, bekommen, und für Billi sei es höchste Zeit, unser Kuhdorf zu verlassen, sonst werde sich sein Brett vorm Kopf zu einem Scheunentor auswachsen.

Vater las mir die Leviten, weil sich am nächsten Morgen auf meinem Frühstücksteller unverschämt viel Pelle der guten Schlackwurst angesammelt hatte, und blamierte mich mit der Bemerkung »du

Raffzahn« vor dem Besuch. Dabei war es Didi gewesen, die ihre Pelle dazugelegt hatte. Ich rächte mich, indem ich eine Küchenschabe zerhackte, sie in ein Stück Nußtorte drückte und schadenfroh zusah, wie Didi es sich schmecken ließ. Als sie hörte, was sie da eben gegessen hatte, begann sie fürchterlich zu würgen, und ich jubelte: »Elisabeth, wie ist dein Bett, krumm oder gerade!«

Sie verpetzte mich nicht. Sie hatte ihre eigenen Methoden.

Vater veranstaltete zur Unterhaltung der Gäste ein Preisangeln, und Didi, die herumtönte: »Die Preise hat mein Paps ganz allein gestiftet«, ließ es sich nicht nehmen, mir, der Siegerin, den ersten Preis, ein großes Schraubglas voll Himbeerbonbons, zu überreichen. Dabei täuschte sie vor zu stolpern und ließ das Glas geschickt in ein Modderloch am Ufer fallen, wo es sogleich mit einem schmatzenden Geräusch auf Nimmerwiedersehn verschwand.

Scheinheilig jammerte sie: »Was bin ich bloß für ein Tollpatsch!« – und schnitt mir eine höhnische Grimasse. Vater fiel prompt auf ihr Theater herein. »Das hätte mir ebensogut passieren können, mein Kind. Mach dir nichts draus«, tröstete er sie. Ich mußte mich mit einer schäbigen Rolle Drops abfinden.

Wenn Didi nun wenigstens eine Heulsuse, ein Feigling gewesen wäre. Aber den Gefallen tat sie uns nicht. Sie sprang vom höchsten Balken ins Heu, radelte den steilsten Berg freihändig hinunter und näherte sich dem wütend mit den Hufen scharrenden Bullen auf der Weide bis auf wenige Schritte, obwohl er sich schon zweimal von der Kette gerissen hatte. Widerwillig bewunderten wir sie, wenn sie sich bei unseren Streifzügen in einer Koppel auf ein fremdes Pferd schwang und ohne Zügel und Sattel mit wehendem Haar das erschrockene Tier zu immer schnellerem Galopp zwang. Als Billi hämisch sang: ›Ach, wenn die Elisabeth nicht so krumme Beine hätt‹, setzte sie ihm ihre Elfenhand mitten ins Gesicht, daß ihm die Funken vor den Augen tanzten.

Der einzige, vor dem sie sich in acht nahm, war Bruno. Seine Wutanfälle nötigten auch ihr Respekt ab. Einmal hatte sie, um ihn zu ärgern, einen Klumpen Dreck nach seinem Kater Mauzer geworfen und ihn zielsicher getroffen. Der Kater war vor Schreck auf einen Wäschepfahl geflohen. Daraufhin hatte Bruno sie an den Haaren gepackt, hatte sie zu dem Schleifstein gezerrt, ihm einen ordentlichen Schwung gegeben und versucht, ihre Hand auf den rotierenden Stein zu drücken. Tatsächlich wäre es ihm fast gelungen, ihre Finger wie die Schneide eines Beils abzuschleifen, wäre nicht im letzten Augenblick Wilhelm Wenzel, der Stallknecht, auf der Bildfläche erschienen. Der Schreck stand Didi ins Gesicht geschrieben, aber sie weinte nicht. Im Bösen wie im Guten war sie fixer als wir, und als Veras Haar plötzlich in Flammen stand, weil sie zu nahe an eine brennende Kerze gekommen war, ergriff sie blitzschnell eine Decke und erstickte das Feuer damit.

Von unseren ständigen Streitereien bekamen die Erwachsenen nur am Rande etwas mit. Sie ahnten nichts von der wahren Natur dieses holden Engels, obwohl Didi es mühelos fertigbrachte, auch zwischen ihnen Unfrieden zu stiften.

An einem wunderschönen Sommertag, der die Luft über den Wiesen flirren ließ, saßen wir im abgedunkelten Eßzimmer und spielten das Kartenspiel ›Tod und Leben‹. Vater räusperte sich mißbilligend, als er uns entdeckte. »Was soll denn das schon wieder?« Er jagte uns an die frische Luft. Wir mußten mit den Gästen zum Baden gehen. Bepackt mit Badesachen zogen wir über die Wiesen. Es waren mindestens 28 Grad im Schatten, aber Wilhelma zockelte, große Schweißperlen auf dem feuerroten Gesicht, in einer dicken Strickjacke hinter uns her.

»Zieh sie aus«, bot sich Vera mitleidig an, »ich trag' sie dir.«

Sogleich war Didi zur Stelle. »Kommt nicht in Frage«, rief sie. »Wilhelma hat gerade erst Windpocken gehabt, sie darf keinen Zug bekommen.«

Wie auf Kommando fielen wir über sie her.

Mein Bruder nahm sie in den Schwitzkasten, Vera schoß mit der Gummiwille nach ihr, und ich riß sie von hinten an den Haaren.

»Recht zänkisch, deine Kinder.« Onkel Karl zerschmolz vor Mitgefühl mit seinem Liebling.

»Das ist gar nicht ihre Art«, nahm uns Mutter in Schutz.

»Ach, hätten wir sie lieber zu Hause gelassen.« Tante Sofie schlug nach einer hartnäckigen Bremse.

»Wir können uns doch unmöglich den wundervollen Schmetterlingsstil eurer Tochter entgehen lassen, von dem Karl so viel erzählt«, sagte Vater bissig.

Während die Sonne auf uns herunterknallte und Dutzende von Grashüpfern bei jedem unserer Schritte zur Seite sprangen, wurde die Stimmung von Minute zu Minute gereizter.

»Ziemlich sauer, deine Wiesen«, meinte Onkel Karl. »Fressen die Kühe das Gras überhaupt?« Und Vater sagte: »Sollst ja so viel Pech in letzter Zeit mit deinem Inspektor gehabt haben. Hab' mich gleich gewundert, daß du den Kerl eingestellt hast.«

Als wir die Badestelle erreichten, hatten es sich die Kühe dort gemütlich gemacht. Sie standen bis zum Bauch im Wasser, und was so drum herum schwamm, zeigte, daß ihre Verdauung durchaus in Ordnung war.

Tante Sofie seufzte: »Ach du liebe Güte!« Und auch uns war die Lust auf ein Bad vergangen. Von Mücken umschwirrt, standen wir mürrisch herum und konnten uns zu nichts entschließen.

Vater schnauzte uns an, weil der Schlüssel zum Bootshaus nicht in seinem gewohnten Versteck lag, einem verlassenen Schwalbennest unter dem niedrigen Dach. Vera stieß mich an. »Daran ist nur die blöde Didi schuld«, flüsterte sie mir zu. Schließlich machten wir uns wieder auf den Heimweg.

Die nächsten Tage verliefen erstaunlich friedlich. Es hätte uns warnen müssen, daß unsere Kusine sich jetzt so gut mit Vater verstand. Sie war dauernd um ihn herum, half ihm beim Einschlagen junger Baumpflanzen im Garten und wickelte unter seiner Anleitung mit großer Sorgfalt meterweise Angelschnur für Aalpuppen um Binsenbündel. Als sie sich genügend an ihn rangeschmissen hatte, ließ sie die Katze aus dem Sack.

»Onkel Alfred«, flötete sie, während sie ihm half, die Klematis an der Veranda hochzubinden.

»Ja, mein Kind?« Vater war prächtiger Laune.

»Du hast gesagt, ich darf mir was wünschen, weil ich dir so viel geholfen habe.«

»Wenn ich's bezahlen kann.« Vater summte: »Seht, dort schwebt die schöne Kunigunde, eben von des Henkers Hand erbleicht.«

»Ich hätt' so gern ein Tier.«

»Vera wird dir sicher gern eines von ihren jungen Meerschweinchen geben.«

»Hab' sie schon Bruno versprochen«, sagte Vera ablehnend, die mit mir auf der Veranda saß und Mühle spielte.

»Kein Meerschweinchen.« Didi senkte die Stimme, damit wir sie nicht verstehen sollten. Wir sprangen so hastig auf, daß die Steine durcheinanderflogen, und beugten uns über die Brüstung. »Ich möcht' so gern Küki.«

»Meinst du das dumme Huhn in der Küche? Das kannst du haben.«

»Vater«, riefen wir empört, »Küki gehört uns!«

»Euch gehört überhaupt nichts«, sagte Vater.

Küki war nicht irgendein beliebiges Huhn. Seine Mutter hatte es noch im Spätherbst nach beharrlichem wochenlangen Brüten einem Nestei entlockt, das wir schon für halb verfault gehalten hatten. Die Glucke war mit ihrem Küken plötzlich auf dem Hof erschienen, als bereits der erste Schnee vom Himmel stäubte. So war uns nichts anderes übriggeblieben, als es in einem Schuhkarton in der Küche großzuziehen. Küki entwickelte sich zu einem hysterisch gackernden, aber hochintelligenten Huhn. Sogar hypnotisieren konnte man es. Man brauchte nur einen Kreidestrich auf dem Küchenfußboden zu ziehen und seinen Kopf darauf zu drücken. Dann blieb es unbeweglich liegen, die Augen starr auf den Strich gerichtet. Später genügte es bereits, ihm einen Finger unter den Schnabel zu halten, um es in Trance zu versetzen. Und auf dieses Wundertier hatte Didi es abgesehen.

Mit Vater war nicht zu reden, so steckten wir uns hinter Mamsell. Aber die hatte gerade ihren mürrischen Tag und sagte: »Mir ist's nur recht, dann kommt dieses dumme Tier endlich aus meiner Küche. Macht sowieso 'n Haufen Dreck, und tu' ich's in den Hühnerstall zu den andern, wird es totgehackt.«

Und dann verließ uns Tante Sofie mit Wilhelma Hals über Kopf, weil die Kleine mit einem vereiterten Backenzahn zum Zahnarzt mußte. Einen Tag darauf gab der Nachbar Onkel Karl endlich einen kapitalen Bock zum Abschuß frei, worauf er schon die ganze Zeit bei uns gejippert hatte, und lud ihn zu sich ein. So sollte uns nur Didi erhalten bleiben. Das wollte sie natürlich auf keinen Fall. Sie ließ ihre raffiniertesten Hexenkünste spielen, damit sich Onkel Karl von ihr einwickeln ließ und sie auf das nur einige Kilometer entfernte Gut mitnahm. Sie küßte ihn und weinte, nicht eine Sekunde werde sie sich von ihrem geliebten Paps trennen.

Aber Onkel Karl hatte nur seinen Bock im Sinn und meinte ziemlich roh: »Dich, liebes Kind, habe ich ja Gott sei Dank noch ein ganzes Leben, aber den Bock, den schießt mir bestimmt ein andrer vor der Nase weg, wenn ich mich nicht beeile. Du bleibst hier und basta.«

Die verlassene und verlorene Didi zeigte sich denn auch gleich von ihrer Schokoladenseite und aß, ohne zu mucksen, einen großen Teller voll Kartoffeln mit Stippe, eine Mahlzeit, die sie sonst verächtlich als etwas für »pauvre Leute« bezeichnet hatte. Vater musterte uns mit seinem Habichtblick und drohte: »Wenn mir das Geringste zu Ohren kommt, könnt ihr was erleben.« Und das wollten wir nicht. Da gingen wir lieber friedlich ins Bett, anstatt Didi vorher noch einmal genüßlich an den Haaren zu ziehen oder das Stecknadelspiel mit ihr zu spielen, nämlich ihr mit den Borsten der Haarbürste kräftig so lange auf den bloßen Oberarm zu schlagen, bis sich rote Punkte zeigten.

Kaum waren wir jedoch eingeschlafen, wurden wir schon wieder von lauten Stimmen wach. Ich hörte Mutter im Hause herumrennen, mit den Türen klappen und rufen: »Alfred, das Kind ist weg! Sie scheint auch das Huhn mitgenommen zu haben. Sicher will sie zu ihrem Vater. Wie unangenehm!« Darauf hörte man Vater voller Selbstmitleid klagend gähnen. »Weit kann dieses verfluchte Gör ja nicht sein«, beruhigte er Mutter. »Ich mach' mich gleich auf den Weg.«

Wir zogen uns an wie der Blitz und hatten das Haus verlassen, ehe man uns bemerkte. Wir holten unsere Fahrräder aus dem Schuppen und radelten die Dorfstraße entlang an Brunos Haus vorbei. Der kam gerade, nur mit einer Unterhose bekleidet, vom Klo hinter dem Misthaufen und fragte: »Seid ihr vom Affen gebissen? Oder was macht ihr sonst hier mitten in der Nacht?« Wir sagten es ihm, und Bruno flüsterte mit glitzernden Augen: »Momang, da muß ich mit.«

Bruno setzte sich an die Spitze, und wir traten in die Pedale, daß die Fahrradketten quietschten. Die Grillen zirpten wie verrückt, und eine Himmelziege zog über unseren Köpfen meckernd ihre Kreise, als wir das Koppeltor öffneten. Wir radelten an den glotzenden Kühen und den grasenden Pferden vorbei, und die laue Nachtluft strich uns um die nackten Beine. Auf der Heubrücke machten wir halt und lauschten. Weit dehnte sich das Luch vor uns, durchschnitten von dem havelländischen Hauptkanal, und es war voller merkwürdiger und unheimlicher Geräusche. Dann hörten wir ein Huhn gackern und sahen im Mondlicht eine kleine Gestalt den Trampelpfad am Ufer entlanghüpfen. Wir warfen die Räder auf die Bohlen, daß die Klingeln schepperten.

Und dann jagten wir sie ...

CHRISTIAN MORGENSTERN
Der Schnupfen

Ein Schnupfen hockt auf der Terrasse,
auf daß er sich ein Opfer fasse

– und stürzt alsbald mit großem Grimm
auf einen Menschen namens Schrimm.

Paul Schrimm erwidert prompt: »Pitschü!«
und hat ihn drauf bis Montag früh.

****

Am Samstagabend fragt der Pfarrer seinen Kaplan, worüber er am Sonntag zu predigen gedenke. »Über die Tugend der Sparsamkeit«, antwortet der. »Löblich«, sagt da der Pfarrer, »aber die Kollekte wollen wir dann lieber vorher abhalten.«

***

Doris hat ihren ersten Schultag hinter sich. »Was habt ihr heute denn gelernt?« will Vater wissen. »Nicht genug. Wir müssen morgen wieder hin.«

***

»Herr Ober, was macht die Fliege in meiner Suppe?« – »Sieht nach Rückenschwimmen aus, mein Herr!«

***

Der Ehemann steigt von der Personenwaage: »Mein Gewicht ist völlig in Ordnung«, sagt er zufrieden zu seiner Frau, »nur zwölf Zentimeter größer sollte ich sein, nach der Tabelle.«

***

»Ich denke, Sie stehen schon mit einem Fuß in der Ehe?« – »Jawohl, aber nicht in meiner.«

****

✶✶

Eine Witwe kommt zur Himmelstür und fragt nach ihrem vor Jahren verstorbenen Mann. »Wie sieht er denn aus?« erkundigt sich Petrus. »Klein und rundlich mit einer Glatze.« – »Sonst noch was?« – »Ja, er hat gesagt, er würde sich im Grabe umdrehen, wenn ich jemals einen anderen Mann umarmen sollte.« – »Aha, jetzt weiß ich Bescheid. Bei uns heißt er der Kreisel.«

★★★

Mitten in der Abendsendung gibt die Bildröhre zischend ihren Geist auf. Die Mutter knipst das Licht an. Der Vater sieht sich um und sagt zum Sohn: »Junge, bist du groß geworden.«

★★★

Ein Dicker trifft einen Dünnen. Lästert der Dicke: »Wenn man dich so ansieht, möchte man meinen, eine Hungersnot wäre ausgebrochen.« Kontert der Dünne: »Wenn man dich so ansieht, könnte man meinen, du wärst daran schuld!«

★★★

Warum leben die Priester im Zölibat? – Damit sie sich nicht so stark vermehren.

✶✶

Peter Bamm
Dämon 39[2]

Früher waren Seuchen eine wilde und apokalyptische Angelegenheit, die die Menschen mit Entsetzen erfüllten und an das Jüngste Gericht gemahnten. Die modernen Epidemien sind sachlich, zivilisiert und geschmackvoll zurückhaltend. Man bemerkt sie nur in den Bilanzen der Arzneifabriken, wo sie als lebhafte Umsatzsteigerungen erscheinen. Die Menschen, die von ihnen befallen werden, denken nicht an das Jüngste Gericht, sondern an die nächste Apotheke. Trotz aller unzweifelhaften Verbesserungen unserer Verkehrsmittel sind unsere Verbindungen mit dem Himmel schlechter geworden.

Die Sache fängt mit einem harten Husten an. Es klingt wie das Bellen eines heiseren Hofhundes in kalter Winternacht. Man ahnt schier noch nichts Böses. Man weiß nicht, daß der Dämon einen schon beim Wickel hat. Man wurstelt immer noch munter umeinand' – ein schönes Beispiel menschlicher Hybris auf der Grundlage der Ignoranz!

Aber schon zwölf Stunden später werden die Knochen weich. Der Dämon fängt an, sich einzurichten. In dem Maße, wie er langsam von einer Person Besitz ergreift, schrumpft deren Umwelt zusammen. Das Bellen wird kontinuierlicher, heiserer, etwas höher und nimmt einen atonalen Charakter an. Dies ist der Augenblick, da der alte Ratschlag am Platze ist: »Weiterrauchen und nicht verzweifeln!« Dies ist auch der Zustand, in dem nach alter Überlieferung große Mengen von heißem Grog von hohem Nutzen sein sollen. Aber wenn der Grog nicht so heiß ist, daß man ihn nicht trinken kann, dann soll man ihn nicht trinken. Ich bin weit davon entfernt, eine so ehrwürdige Überlieferung mit den oberflächlichen Mitteln rationalistischer Aufklärung widerlegen zu wollen. Es ist Tatsache, und jeder im Grogtrinken Erfahrene wird mir das bestätigen, daß man in diesem zweiten Stadium Grogmengen vertragen kann, die einen in gesunden Tagen umwerfen würden. Die Erklärung ist einfach genug. Es ist der Dämon, der den Grog säuft. Und sein Durst ist unersättlich.

So sitzt also am zweiten Tag abends, da, wo vorgestern noch ein würdiger und honoriger Bürger saß, der sich seiner Pflichten gegen die Gesellschaft bewußt war, eine febrile Hülse, von einem besoffenen Dämon erfüllt, mit einer Umwelt von der Größe einer mittleren Tonne.

Der nächste Tag bildet den tragischen Höhepunkt eines Verfalls, von dem die Gelehrten behaupten, daß sein Erreger ein ultravisibles Virus sei. Das ist, wenn man es recht versteht, eine Sache, die unsichtbar ist, weil man sie nicht sehen kann. Aber das erkläre man einem Mann, der geschüttelt wird von einem Dämon, der wieder nüchtern ist und einen Kater hat!

An diesem Punkt endlich, wo aller männliche Stolz nicht soviel wert ist wie ein Glas Wasser, verläßt Eva den Wigwam durch die hinteren Felle und holt den Magier, den Zauberer, den Medizinmann, der von Berufs wegen Dämonen k.o. schlägt.

Es ist ein wahrer Jammer, daß die Ärzte keine Bärte mehr tragen. Zweifellos würden die Dämonen vor bärtigen Ärzten mehr Respekt haben als vor solchen, die glatt rasiert sind.

Während man von dem Dämon zu einem immer formloseren Nichts zusammengebeutelt wird, sitzt auf einmal der freundliche Magier auf des Schlachtfelds Kante. Nachdem er eine Reihe von althergebrachten Klopf- und Horchriten vollzogen hat, sagt er schlicht: »Eine ganz gewöhnliche Grippe!«

Ein gerader Linker für den Dämon! Er hat einen Namen bekommen. Damit schon hat der Zauberer die erste Runde für das formlose Nichts gewonnen. Der Dämon hat einen Namen! Jetzt kann man ihn beschwören. Ha, und lächerlich gemacht ist er auch noch! Vor einem lächerlichen Dämon braucht man sich nicht mehr zu fürchten.

Das Zauberwort des Magiers erhebt das formlose Nichts zur Würde eines Kranken und den

Zustand erbärmlicher Klapprigkeit zur Würde einer Krankheit. Die neue Umwelt ist geschaffen, die Umwelt des Kranken, der seine Rechte und seine Pflichten hat.

Zu seinen Rechten gehört der Anspruch auf unbeschränkte Mengen von Mitleid seitens Evas, die unterdessen wieder in Erscheinung getreten ist, als ob nichts gewesen wäre. Es ist ganz unglaublich, was für Mengen von Mitleid ein kranker Mann vertragen kann. Ich sage nur, soviel wie gesunde Frauen Komplimente. Mag Eva es sich selber ausrechnen.

Aber der Kranke hat auch Pflichten. Zum Beispiel Wünsche zu äußern, damit der Nächsten Liebe genügend Betätigungsmöglichkeiten findet. Und dann natürlich hat er die Pflicht, seinem reizenden Magier, der ihm seine menschliche Würde wiedergegeben hat, eine Freude zu machen. Es muß ihm also morgen besser gehen. Also bellt er heiser nach einem Filetbeefsteak mit Spiegelei und reichlich Meerrettich. Ein schwerer Uppercut für den Dämon! Wenn einer aufrichtig bemüht ist, seinem Doktor eine Freude zu machen – der arme Mann, der ist jetzt vierzehn Stunden täglich unterwegs –, dann sind auch die einfachsten Medikamente geeignet, ihm zu helfen. Allmählich fängt der Dämon an zu kränkeln. Am nächsten Morgen – welch reizende Szene!

»Na, wie geht's?«

»Ach, danke, Doktor! Danke! Danke! Bedeutend besser! Großartig das Chinin! Einfach wunderbar!«

»Na ja! Erprobte Sache das!«

Da krümmt der Dämon sich und haucht sein schwarzes Leben aus. Der reizende Magier aber zieht zufrieden von dannen, der Würde nicht bedürfend, die er so reichlich zu verschenken hat.

Nun heißt es nur noch, zweimal vierundzwanzig Stunden schlafen, von vier Filetbeefsteaks unterbrochen.

Dann ist die ganz gewöhnliche Grippe vorbei, und dann könnte man anfangen, wieder über die Krise in der Medizin nachzudenken.

Aber ich werde den Herren Doktoren etwas husten, tief, sonor und locker, und eine Flasche Rotwein auf das Wohl des Chinins trinken. Eva lächelt und hat gegen nichts etwas dagegen.

Vielleicht sollte man überhaupt von Zeit zu Zeit einmal krank werden. Ob gar das Kranksein im Leben vielleicht einen Sinn hat? Für die Ärzte sicher! Sie leben davon. Für die Versicherungsgesellschaften auch! Sie werden reich und mächtig davon. Auch für die Apotheker, auch für die imposante pharmazeutische Industrie hat die Krankheit ihren guten Sinn. Sie gibt ihnen die schöne Gelegenheit, ihren Mitmenschen zu helfen. Womöglich hat die Krankheit sogar für den Kranken einen Sinn.

Es wird Zeit, einen Urlaub zu nehmen und in den Kirchenvätern darüber ein wenig nachzulesen.

★★★

Ein Kapuziner begleitete einen Schwaben bei sehr regnichtem Wetter zum Galgen. Der Verurteilte klagte unterwegs mehrmal zu Gott, daß er, bei so schlechtem und unfreundlichem Wetter, einen so sauren Gang tun müsse. Der Kapuziner wollte ihn christlich trösten und sagte: du Lump, was klagst du viel, du brauchst doch bloß hinzugehen, ich aber muß, bei diesem Wetter, wieder zurück, denselben Weg. – Wer es empfunden hat, wie öde einem, auch selbst an einem schönen Tage, der Rückweg vom Richtplatz wird, der wird den Ausspruch des Kapuziners nicht so dumm finden.
Heinrich von Kleist

Eugen Roth
Der Husten

Der Husten wählt sich mit Bedacht
Zum Wirkungskreis die stille Nacht,
Damit er nicht alleine stört
Dich, dem der Husten selbst gehört; –
Mit atem-schöpferischer Pause
Weckt alle Leute er im Hause,
Die wach nun auf der Lauer liegen:
Wann wirst Du Deinen Anfall kriegen!?
Der Nachbarn Mitleid ist bescheiden
Bei *andern,* lautlos-stummen Leiden –
Doch müssen hier sie sich bequemen
Und Anteil an dem Husten nehmen.
Aus Selbstsucht schon wünscht Alt und Jung
Dir herzlich: »Gute Besserung!«

Ursula Haucke
Onkel Fred kann immer ganz ernst bleiben, wenn er spinnt

Gerade dachte ich, ich wär mal wieder ganz allein, da bringt die Oma den Oliver schon zurück! Weil Mama vergessen hat, daß heute Omas Schwimmtag ist, und den muß sie haben, sagt sie. Und bei Opa kann der Oli nicht bleiben, wenn die Glaserei noch auf ist. Weil er schon mal in lauter fertige Scheiben gefallen ist und ein Riesenscherbenhaufen war. Oli ist aber nichts passiert, nur der Schreck. Aber Opa hat sich noch mehr erschreckt und hat gesagt, wenn Oli schon Scheiben kaputt macht, dann soll er das bei andern Leuten machen, damit Opa Geld fürs Ganzmachen kriegt! Bei Opa geht das Scheibeneinsetzen wie Brezelbacken, sagt Papa. Ich gucke oft zu, auch weil der Kitt, oder was das ist, so gut riecht. Manchmal gehe ich gleich nach der Schule zu ihm, und wir kochen uns Makkaroni mit Tomatenketchup. Oma sagt, das ist kein anständiges Essen, aber wenn sie in der Stadt einkaufen ist, machen wir das doch. Und nachher versuchen wir, die Fische in seinem Aquarium zu zählen, aber wir kriegen nie dasselbe raus, weil es zu viele sind und sie nicht stillhalten. Manchmal lese ich ihm auch was vor aus meinem

Deutschbuch, und er sagt, so schöne Geschichten hatten sie früher nicht drin. Nur vom Landmann, wie er auf dem Acker rumgeht, oder von der Mutter, wie sie die Wiege schaukelt und singt. Und er mußte ein Gedicht lernen, wo drin vorkam, daß Kinder nie ihren Mund entweihen sollen mit Lüge. Opa sagt, gerade wegen diesem Gedicht hat er gelogen, weil er steckengeblieben ist. Aber zu seinem Vater hat er gesagt, er hat es gekonnt und eine 1 gekriegt.

Gerade hat mich der Oli gestört und wollte Memory mit mir spielen, weil er da immer gewinnt. Ganz echt, und gar nicht, weil man mit Absicht was falsch macht. Aber ich habe ihm meinen großen Puppenkoffer gegeben, damit er meinen Puppen was andres anziehen kann. Er zieht sie immer ganz durcheinander an, mit Schlafanzug und Handschuhen und so, aber man hat immer ziemlich lange Ruhe. Sonst will er dauernd was andres. Vor den Fernseher darf ich ihn nicht setzen, hat Mama gesagt, weil sie keinen Glotzer erziehen will und weil sowieso immer jemand dabei sein muß. Mama guckt sich Kinderfilme immer mit an. Manchmal ist das gemütlich, aber manchmal redet sie dauernd dazwischen und sagt, es ist doch nicht zu glauben, was das für ein Quatsch ist. Gestern hat Meike gesagt, sie will den Quatsch trotzdem sehen, und wir haben Mama rausgeschmissen! Da hat sie sich inzwischen die Haare gewaschen; aber nachher wollte sie doch wissen, wie es ausgegangen ist.

Papa kommt meistens erst, wenn ein Krimi schon längst angefangen hat, und dann versucht er rauszukriegen, was inzwischen passiert ist. Wenn Onkel Fred da ist, erzählt er ihm immer alles ganz falsch, bis Papa wirklich denkt, der Kommissar ist der Mörder! Onkel Fred kann immer ganz ernst bleiben, wenn er spinnt. Ich muß das noch üben. Manchmal kommt Onkel Fred ganz lange nicht. Dann hat er eine neue Freundin und muß mit der dauernd essen gehen oder ins Kino. Mama sagt immer, er soll seine Freundin doch mitbringen, aber Onkel Fred sagt, das macht er nur, wenn es was für länger ist.

Er hat erst einmal eine Frau mitgebracht, und die war echt doof.

Jetzt läuft im Bad das Wasser! Oli will bestimmt meine Puppen baden, ich muß nachgucken gehen.

Herbert Rosendorfer
Die springenden Alleebäume

Jahr für Jahr geben die deutschen Autofahrerclubs und verwandte Institutionen ein Bulletin heraus, das die erschreckende Statistik der im letzten Jahr durch Alleebäume getöteten Autofahrer enthält. Dreitausend heißt es, sollen es jährlich sein. Es wäre zu einfach, diesen Problemkreis mit der Meinung des Amtsgerichtsrates Wegscheider abzutun, der dazu sagte: »Ich bin seit Jahren Richter in Straßenverkehrssachen. Mir ist noch kein Fall einer Kollision Autofahrer – Alleebaum vorgekommen, in dem nicht ein Versagen – meist zu hohe Geschwindigkeit – seitens des Autofahrers vorgelegen hat. Ich halte«, fuhr Amtsgerichtsrat Wegscheider fort, »den Alleebaum für eine bessere Institution zur Dezimierung von Verkehrsrowdies als z.B. unbeteiligte fremde Autos.«

Die Berufserfahrung des Herrn Amtsgerichtsrates Wegscheider in Ehren – aber so einfach ist die Sache nicht. Es liegt jetzt neuerdings eine ausgezeichnete und umfassende Studie aus dem Institut des weltberühmten Professors Ygdrasilović vor, die sich eingehend mit dem Verhalten des deutschen Alleebaumes befaßt.

Der deutsche Alleebaum, zu diesem Schluß kommt die erwähnte Studie, ist bösartig.

Es ist Nacht. Gemütlich tuckert ein Sportwagen mit 120 oder 140 km/h auf einer Landstraße dahin. Der Fahrer dämmert, weil eine nächtliche Fahrt auf einer Landstraße langweilig ist, im Halbschlaf. Der Alleebaum aber, der Alleebaum ist hellwach. Genüßlich – wir wissen es ja nicht genau, können ihn nicht fragen, aber alles deutet darauf hin, daß es genüßlich von ihm ist – genüßlich läßt der Alleebaum den Wagen herankommen, dann ... ein Sprung von nicht mehr als einem Meter in die Fahrbahn des Wagens. Der Mann am Steuer, der obendrein halb schläft, kann natürlich nicht mehr ausweichen, es kracht, Blech fliegt herum, vielleicht brennt es ein wenig. Behutsam klaubt – hoffen wir es – Sankt Christopherus den zerquetschten Fahrer aus den Trümmern und führt ihn in eine möglicherweise bessere Welt. Der Alleebaum, dem ja in der Regel außer ein paar Kratzern in der Rinde nichts passieren kann, rauscht hämisch mit den Blättern.

Es ist ganz merkwürdig, daß die Alleebäume – wenn man der Ygdrasilović-Studie glauben darf – übermüdete, schlafende oder betrunkene Autofahrer offenbar von weitem schon erkennen. Mit ganz besonderer Vorliebe springen die Alleebäume solchen Fahrern in den Weg, die ja viel langsamer reagieren als andere, also gegen die Tücken der Alleebäume so gut wie wehrlos sind. Möglicherweise senden Alleebäume radarartige Strahlen aus, wie Fledermäuse. Wie das vor sich geht, ist noch nicht geklärt. Daß die Alleebäume fast ausschließlich nachts den Autofahrern in den Weg springen, erklärt sich ganz einfach aus der angeborenen Tücke der Bäume. Wie raffiniert sie dazu noch sind, erhellt aus der Tatsache, daß drei Viertel aller Fälle, in denen Alleebäume sich Autos in den Weg stellen, bei Regen geschehen. Da das Auto nach dem Zusammenstoß oft zu brennen anfängt, wählen die Alleebäume für ihre Überfälle gern feuchtes Wetter, wo sie selber naß sind, und so der Brand nicht auf sie übergreifen kann.

Es ist ein Fall bekanntgeworden, wo ein Alleebaum in einer besonders gefährlichen Kurve hinter einem Gasthaus, das für sein gutes Bier bekannt ist, Posto gefaßt hatte, offenbar weil er wußte, daß ihm hier die wehrlosen, angetrunkenen Autofahrer in die Falle gingen, ohne daß er selber sich groß anzustrengen brauchte. Allein während eines Erntedankfestes überfiel dieser Baum dreiundzwanzig Autos. Bekannt ist auch der – behördlich überhaupt nicht genehmigte – Zuzug von Alleebäumen während des Oktoberfestes in das Stadtgebiet von München. Zwar konnte man die sehr geschickten Bäume noch nie auf ihrem ungesetzlichen Marsch ertappen, aber wie anders soll die Häufung von

Auffahrunfällen auf Bäumen während des Oktoberfestes sonst erklärlich sein?

Ein besonders krasser und dreister Fall von Heimtücke eines Alleebaumes ereignete sich in der Nähe von Kulmbach. Ein Autofahrer hatte friedlich in einem Landgasthaus seine vierundzwanzig Halbe Eisbock getrunken und sich dann auf die Heimfahrt gemacht. Auf schnurgerader Strecke sprang ihm, wie nicht anders zu erwarten, ein Alleebaum in den Fahrweg. Der Autofahrer konnte aber gerade noch bremsen und kam wenige Zentimeter vor dem Baum zum Stehen. Verschreckt und voll Furcht wendete der Autofahrer sofort und wollte zurück in die Gastwirtschaft flüchten. Der Alleebaum folgte ihm aber, überholte ihn, unbemerkt sogar, und stellte sich im umzäunten Parkplatz des Landgasthauses dem Autofahrer genau in den Weg, als dieser eben in die Einfahrt einbiegen wollte. Es kam zum Zusammenstoß, der Fahrer wurde aus seinem Wagen geschleudert, blieb aber nahezu unverletzt. Mit Recht glaubte sich der arme Kerl nun von allen Furien gehetzt und wollte nach Hause rennen, um sich in Sicherheit zu bringen. Da stellte sich ihm der Alleebaum ein drittes Mal in den Weg. Mit schwerer Gehirnerschütterung mußte der Mann ins Krankenhaus gebracht werden. Bei diesem Verbrechen muß sogar ein anderer Alleebaum Schmiere gestanden haben, der der Funkstreife, die kam, um den Baum dingfest zu machen, in den Weg sprang. Im allgemeinen trauen sich die Alleebäume sonst nicht, Funkstreifenwagen, die Feuerwehr und ähnliche Fahrzeuge, selbst wenn diese sehr schnell fahren, zu belästigen; wahrscheinlich, weil sie letzten Endes bei diesen Fahrzeugen den kürzeren ziehen, es würde nämlich in der Regel dann das Abholzen verfügt. Auch vor allen Schienenfahrzeugen haben Alleebäume einen heillosen Respekt.

So gibt uns die gründliche, wenngleich traurige Studie des Professors Ygdrasilović die Gewißheit, daß es nicht falsch ist, wenn die deutschen Autofahrervereinigungen kein anderes Mittel mehr sehen, als die restlose Ausrottung der Alleebäume zu verlangen. Keinesfalls dürfen wir es bei der leichtfertigen, ja zynischen und herzlosen Meinung des eingangs genannten Amtsgerichtsrates Wegscheider bewenden lassen, der gesagt haben soll: »Was? Dreitausend in einem Jahr? Das sind ja fast zehn am Tag. Da werde ich in Zukunft mich mit der freudigen Gewißheit in der Früh aus dem Bett erheben können, daß es, wenn ich heute wieder schlafen gehe, dank der Alleebäume zehn Verkehrsrowdies weniger gibt.«

Eugen Roth
Autos überall!

Du schimpfst mit Recht auf diese Welt,
Daß sie mit Autos ganz verstellt.
Der schönste Blick ist für die Katz –
Zum *Parkplatz* werden Park und Platz.
Bis zu den letzten Straßenkanten
Stehn Omnibusse-Elefanten,
Vorm Rathaus, um den Brunnen, frech
Drängt sich das buntlackierte Blech.
Und was tust du? Trotz dem Gestöhne,
Daß also sterben muß das Schöne,
Zwängst du, bezahlend ein paar Nickel,
Auch in die Herde dein Vehikel!

Christine Nöstlinger
Verschwiegen wie ein altes Waschweib

Wenn man kein Einzelgänger, sondern ein halbwegs geselliger Mensch ist, bekommt man von allerhand Leuten allerhand Mitteilungen, von denen etliche erst nach dem Einleitungssatz: »Das sage ich aber nur dir, erzähl es bitte nicht weiter« gemacht werden.

Ich kenne ein paar Leute, die es ablehnen, auf diese Weise zu Geheimnisträgern gemacht zu werden. Sie sagen: »Behalte es bei dir, ich bin nämlich tratschsüchtig!«

Ich kenne auch ein paar Leute, die erzählen in so einem Fall tatsächlich kein Wort weiter. Niemandem erzählen sie etwas, nicht einmal eine Andeutung lassen sie fallen. Und ein paar Leute kenne ich, die haben nichts Eiligeres zu tun, als das verschwiegene Anvertraute unter die Menschheit zu bringen.

Die meisten Leute aber, die ich kenne, gehen mit anvertrauten Geheimnissen ganz anders um. Total verschwiegen sind sie bloß, wenn ihnen das geheime Wissen uninteressant vorkommt; oder wenn die vertrauensselige Person echte Schwierigkeiten bekäme, würde die Sache publik.

Dann trifft der Durchschnittsmensch noch seine Auswahl, wen er für würdig hält, das intim Anvertraute zu erfahren.

Ehepartner – zum Beispiel – hält man meistens für würdig! Da bleibt das Geheimnis ja schließlich in der Familie!

Doch leider sind oft gerade Ehepartner sehr zerstreut und vergessen. Locker plaudern sie in großer Runde über Hansis verheiratete »Braut«, über Monikas Schwierigkeit mit ihren neun Krediten und über Heinzis Prozeß mit dem Schwiegersohn.

Harte Tritte unter dem Tisch gegen die Schienbeine des Partners – wenn sie diese nicht verfehlen – bringen ihn zwar meistens zum Schweigen, kommen aber sehr oft zu spät.

Auffällig in so einer Situation ist aber vor allem, daß sich kaum einer in großer Runde über Hansis Braut, Heinzis Prozeß und Monikas Kredite wundert.

Sie wissen nämlich alle schon sehr gut Bescheid!

Anscheinend gibt es viele Menschen, die von Freund zu Freund, von Freundin zu Freundin eilen und ihnen eine Geschichte erzählen, die mit den Worten beginnt: »Das sag' ich nur dir, erzähle es bitte ja nicht weiter!«

Siegfried Lenz
Ein sehr empfindlicher Hund

Der ärgerlichste Verlust, Nachbarn, von dem Bollerup sich im vergangenen Herbst betroffen fand, war der Verlust an Gänsen, Hühnern und Puten, die ihre Federn unten an der Steilküste lassen mußten, vor einem frisch gegrabenen Röhrensystem, in dem, läßt man alle Zeichen sprechen, eine Fuchsfamilie lebte, die sich anscheinend eines orientalischen Reichtums an Verwandten und Nachkommen erfreute. Der Bestand des Geflügels im Dorf nahm so rapide ab, die Federn- und Knochenberge häuften sich so herausfordernd vor der Hauptröhre, daß Ole Feddersen, ein Großonkel meines Schwagers, seine Doppelläufige vom Haken nahm, sich Patronen verschaffte und mich einlud, dem Ende der Fuchsfamilie beizuwohnen.

Ich nahm die Einladung mit gemäßigter Neugierde an, bestellte Ole Feddersens vier Brüder zum Fuchsbau, und bei kühlem Gegenwind und unter kraftloser Sonne gingen wir an den Strand. Obwohl der Wind günstig war, bekamen wir keinen Fuchs zu Gesicht: da schnellte sich kein feuerfarbener Pelz empor, da ragte keine feuchte Spitzschnauze aus einem Rohr, da balgten sich keine Jungtiere um Gänseflügel, wie man es vielleicht erwartet hat. Die Füchse, die sich an das Bolleruper Geflügel zu halten für ihr Naturrecht hielten, schienen, sagen wir mal, nach Asserballe verzogen zu sein.

Ole Feddersen setzte sich auf einen Findling und war keineswegs überrascht. »Manchmal«, sagte er, »wittern sie sogar gegen den Wind. Aber das wird ihnen nicht helfen.«

»Vielleicht«, sagte ich, »kann man Wasser in die Röhren gießen. Nässe mögen sie nicht.«

»Wir werden ihnen etwas anderes in die Röhre schicken«, sagte Ole. »Besuch. Wir werden ihnen Besuch runterschicken.«

»Einen Hund?«

»Einen Hund«, sagte Ole mit beinahe träumerischer Begeisterung. »Es ist ein Hund, wie du ihn nie gesehen hast: sehr kostbar, sehr empfindlich und so klein, daß er sich durch die engste Röhre zwängen kann. Ich habe ihn gemietet, stundenweise. Es ist der Hund von Thimsen aus Steenaspe. Viel möchte ich nicht sagen, aber der Hund ist sein Geld wert.«

Nach einer Weile kamen die Brüder von Ole, wortlose, hagere Männer, von denen zwei bewaffnet waren. Sie setzten sich auf den Findling, schlugen die Augen nieder, wie es ihre Art war, und warteten. Auch ich setzte mich auf den Findling und rechnete aus, daß neben mir noch etwa acht Männer Platz gehabt hätten. Wir unterhielten uns damit, zu beobachten, wie die Ostsee die Kiesel wusch, dem Strand wertlosen Tang schenkte, und von Zeit zu Zeit schaute ich zu dem stillen Bau hinüber.

Gut. Und nun muß ich uns eine ganze Weile auf jenem Findling sitzen lassen, denn Thimsen aus Steenaspe ließ sich Zeit, und wir konnten nichts tun als warten. Aber schließlich kam er auf dem Rand der Steilküste näher: ein flachbrüstiger Mann mit schräg gewachsenem Hals, in hohen Gummistiefeln. Auf dem Rücken trug er einen Rucksack. Er begrüßte uns, wie sich's gehört, und auf die Frage nach dem Hund setzte er achtsam seinen Rucksack ab, band ihn auf, ließ uns einen langen Blick hineinwerfen, und wahrhaftig: auf dem Grund des mit Pelz ausgeschlagenen Rucksacks saß zitternd der kleine, kostbare Hund, schaute uns aus bekümmerten Augen an. Angesichts des empfindlichen Wesens fand einer der Brüder von Ole Feddersen die Sprache wieder und ließ sich verwundert vernehmen: »Warum«, fragte er, »muß der Hund auf Pelz liegen?«

»Wegen der Wärme«, sagte Thimsen prompt.

»Kann er sich nicht Wärme verschaffen im Lauf?«

»Dieser Hund«, antwortete Thimsen, »ist derart empfindlich, daß er den Rucksack höchstens für sechs Minuten verlassen darf. Dann muß er wieder hinein, wegen der Wärme. Ohne Wärme keine Höchstleistung.«

»Dann«, sagte Ole Feddersen, »wollen wir mal seine Höchstleistung bewundern.«

Wir gingen zu dem Wohnsystem der Fuchsfamilie, verteilten uns. Jeder belagerte eine Röhre. Ich hörte, wie die Herren durchluden. Dann hob Thimsen das kostbare Tier aus dem Rucksack, streichelte es, sprach leise mit ihm, sprach ihm womöglich Mut zu, und dabei zwängte er es behutsam in die Hauptröhre. Der Hund verschwand mit einem bewegenden Laut, tauchte ins Dunkel hinab, ein Störer der füchsischen Stille. Wir standen da, sagen wir mal, starr vor Erwartung, unterdrückten den Atem, alles an uns war verständlicherweise reine Bereitschaft. Thimsen zog seine Taschenuhr und verfolgte die Arbeit des Sekundenzeigers.

Gleich, dachte ich, wird aus einer Röhre ein brandroter Körper fliegen, wird mit Schrot gespickt werden, wird mitten im Sprung seine Rechnung erhalten für Gänse, Hühner und Puten und sich dann, vielleicht ein wenig zuckend, niederlegen. Aber nichts geschah. Auch kein Knurren oder Bellen drang aus dem Bau, so intensiv ich auch an der Hauptröhre lauschte. Nur der Sekundenzeiger bewegte sich, und auf einmal sagte Thimsen: »Drei Minuten. Jetzt ist Anton schon drei Minuten unten.«

Niemand antwortete, niemand schien seine Feststellung gehört zu haben, und man wird sich denken, weshalb. In gewissem Sinne verlangt die Geschichte, daß ich jetzt den Uhrzeiger anhalte, alles planvoll verzögere, vielleicht die wandernden Schatten beschreibe oder die Architektur des Fuchsbaus, jedenfalls von der Aufmerksamkeit ablenke, mit der die Männer Antons unterirdische Bemühungen abwarteten. Ich tue das Gegenteil. Ich überspringe zwei weitere Minuten und lasse Thimsen besorgt sagen: »Noch sechzig Sekunden, dann muß er herauf. Dann muß er sich aufwärmen im Rucksack.«

Tief beugte ich mein Gesicht über die Hauptröhre, lauschte, doch es war immer noch nichts zu hören. Thimsen öffnete den Rucksack, wärmte den Pelz mit der Hand vor, rieb und rubbelte. Ole Feddersen hielt reglos das schußbereite Gewehr. »Jetzt«, rief Thimsen plötzlich, »sechs Minuten. Er muß in den Rucksack.« Er kniete forsch vor der Hauptröhre, drängte mich zur Seite und rief: »Anton! Komm rauf, Anton! Sofort! Laß den Fuchs!« Aus der Erde, wen wird es wundern, kam keine Antwort. Der kostbare kleine Hund regte sich nicht.

Die Gefahr nahm zu, so daß jeder gern die Minuten daran gehindert hätte, zu verstreichen. Auf Thimsens Gesicht erschien ein Ausdruck redlicher Verzweiflung. Er stürzte wahllos hierhin und dorthin, preßte seine Hände auf die Schläfen, hob wohl auch die Augen zu den Wolken auf. Anton, der empfindliche, der gemietete Hund, kam weder selbst zum Vorschein, noch veranlaßte er die Füchse, vor die Flinten zu springen. Da war es nur verständlich, daß ein Mann wie Thimsen begann, leise zu klagen, wobei ich allerdings sagen muß, daß seine Klagen wie Flüche klangen. Acht, zehn, vierzehn Minuten vergingen – Anton war überfällig, sein Schicksal ließ keine Hoffnung mehr zu. Was hatte er mit den Füchsen, was hatten die Füchse mit ihm angestellt?

Ich lauschte noch einmal, ein letztes Mal, in die Hauptröhre hinab, und jetzt, wahrhaftig, hörte ich ein rasendes Scharren und Kratzen, das von unbeherrschtem Jaulen begleitet wurde. Hastig winkte ich Thimsen heran, ließ ihn lauschen, und Thimsen entschied in hilflosem Zorn: »Sie graben meinen Anton ein. Die Füchse beerdigen ihn lebend in ihrem Labyrinth.«

»Lebt Anton denn noch?« fragte ich.

»Er kann«, sagte Thimsen, »gerade noch so leben.«

»Gerade noch«, sagte Ole Feddersen, «das ist zu wenig für eine Fuchsjagd.«

»Wir müssen ihm helfen«, sagte Thimsen, »wir müssen ihn ausgraben.«

Diese Entscheidung fiel nach achtzehn Minuten, also nachdem Anton, der kostbare Hund, dreimal hätte gewärmt werden müssen. Man schickte mich nach Bollerup, Spaten zu holen, weswegen ich zwar in der Lage bin, meinen Hin- und Rückweg zu beschreiben, jedoch nichts über die Wartezeit der Herren sagen kann. Ich beeilte mich. Ich brachte zwei Spaten zum Fuchsbau zurück, war nicht erstaunt, daß man mir das Gerät aus der Hand riß und, wollen wir mal sagen, mit panischem Eifer zu graben begann. Das füchsische Wohnsystem wurde wütend abgetragen, zerstört, und alle Augenblicke warf dieser Thimsen sich hin, horchte und konnte nichts hören. »Dann als Leiche«, rief er aus, »wenn ich keinen lebenden Anton haben kann, dann will ich einen toten Anton mitnehmen.«

Wie lange werden wir gegraben haben? Ich weiß es nicht genau; ich weiß nur, daß Ausrufe der Anerkennung die Arbeit begleiteten, denn nie zuvor hatte einer von uns das labyrinthische Kunstwerk einer Fuchswohnung von innen gesehen. Zwei Stunden werden es wohl gewesen sein, die wir benötigten, um die lange Notröhre zu entdecken, die die Füchse zu einem bergenden Gebüsch gegraben hatten. Es bestand kein Zweifel für uns, auf welchem Weg sie verschwunden waren; nur für Antons Verschwinden, für den Verlust des kostbaren Hundes fanden wir keine Erklärung, zumindest vorerst nicht.

Später erfuhren wir, daß Anton seinen Herrn, den gewissen Thimsen, schon in Steenaspe erwartete. Da der empfindliche Hund in der Zwischenzeit wohl an die zwanzig Mal hätte gewärmt werden müssen, soll er, dem Vernehmen nach, außergewöhnlich gezittert haben – weswegen Thimsen die Stundenmiete nachträglich heraufsetzte. Und da Ole Feddersen den Aufpreis nicht bezahlen wollte, kam es zu einem Rechtsstreit, der heute noch andauert.

★★★

Wie gehts, sagte ein Blinder zu einem Lahmen. Wie Sie sehen, antwortete der Lahme.
Georg Christoph Lichtenberg

Während des Konzils treffen sich die Pfarrer zweier Nachbardörfer. »Ob man wohl die Zölibatsbestimmungen ändern wird?« fragt der eine. »Kaum«, sagt der andere. »Und wenn schon, dann werden sie sich mit den Ausführungsbestimmungen so lange aufhalten, daß wir nichts mehr davon haben – höchstens unsere Kinder.«

***

»Hoffentlich sind wir nicht zu lange geblieben«, erkundigt sich der Besuch beim Abschied. »Aber nein«, wehrt der Gastgeber ab, »um diese Zeit pflegen meine Frau und ich sowieso aufzustehen.«

***

»Herr Ober, hier sind Haare in der Suppe!« – »Aber nein, meine Dame, das sind die Wimpern von den Fettaugen!«

***

Der Präsident eines Schwimmvereins versammelt nach dem Wettkampf seine Mannschaft um sich und hält eine kurze Ansprache: »Zu einem Sieg hat es nicht gereicht, aber freuen wir uns, daß wenigstens keiner ertrunken ist.«

★★

»So wie es jetzt aussieht, können Sie sich das Treppensteigen wieder zumuten«, meint der Arzt. »Endlich! Das ewige Raufklettern an der Regenrinne ist recht mühsam gewesen.«

★★★

Ein junger Anwalt trifft einen ebenfalls noch jungen Arzt. »Wie geht es Ihnen?« – »Gut«, sagt der Arzt, »ich kann nicht klagen. Und Ihnen?« – »Schlecht. Ich kann nicht klagen.«

★★★

Ein Hotelgast morgens zum Ober: »Ich hätte gern zwei zu hart gekochte Eier, eiskalten Speck, verkohlten Toast, tiefgefrorene Butter und lauwarmen Kaffee.« Darauf der Ober: »Das dürfte etwas schwierig sein.« Der Gast: »Wieso, gestern ging es doch auch!«

★★★

Der alte Bürgermeister liegt im Sterben, und die Familie hat schon mit Klagen begonnen. Aber der Patriarch ist guten Mutes: »Mir hand scho sovill durchgmacht«, sagt er. »Dau wer mer des au no ibarleaba!«

★★

Irmgard Keun
Die Brüllzelle

Das Ehepaar Moll lud mich ein: Sie hätten sich ein Häuschen gebaut.

Das Häuschen war wirklich ein Häuschen. In dem einzigen Gemeinschaftsraum wimmelte es von Menschen jeglicher Altersstufen. »Alles eigene Kinder und Verwandte«, sagte Moll, »sind alle hier untergebracht.«

Das Auffallendste in dem Zimmer war eine massive Telefonzelle, schalldicht abgeschlossen, so wie man sie sonst nur in Restaurants findet.

Die Familie schien eine Leidenschaft fürs Telefonieren zu haben. Alle Augenblicke unterbrach jemand das Gespräch, Arbeit oder Lektüre und begab sich in die Zelle, manche stürzten sogar im Laufschritt hinein. Besonders verblüffte es mich, als ein kleines Kind sagte: »Bitte, ich muß mal« und sich die schwere Tür öffnen ließ. Sollte Molls muntere Phantasie so weit gegangen sein, eine Telefonzelle mit einer Toilette zu kombinieren?

»Ich ruf bald mal an«, sagte ich zum Abschied. »Leider haben wir noch kein Telefon, es kommt zu teuer«, meinte Frau Moll. Ich begriff nicht. »Laß es dir von Moll erklären, er begleitet dich«, rief sie mir nach.

Moll erklärte. »Wir schwärmen alle für eine große Familie. Es ist immer Trubel, Saus und Gebraus, und niemand kommt dazu, an Lebensangst und längeren Depressionen zu leiden. Trotzdem ist das Zusammenleben ein Problem. Wir fielen einander zeitweilig auf die Nerven, daß es krachte und die Nachbarschaft dachte, wir führten Wildwestfilme auf.

Wir sahen ein, daß wir uns zusammennehmen mußten, aber das ging auf Kosten unserer Gesundheit. Du glaubst gar nicht, wie wichtig es für einen Menschen ist, brüllen zu können. Der Säugling mit seinem unverbildeten Instinkt weiß genau, was er tut. Wenn ihm was nicht paßt, brüllt er, statt sich schweigend mit Wut und Ärger zu vergiften. Später wird ihm das Brüllen abgewöhnt. Das Bedürfnis danach aber bleibt. Kein Lebensalter ohne Lust an Gebrüll. Aber wo kann heutzutage ein Mensch noch frisch und fröhlich drauflosbrüllen? Ein Teil der Menschen verfällt auf raffinierte Auswege, um sein Brüllbedürfnis zu befriedigen. Sportveranstaltungen zum Beispiel bieten gute Möglichkeiten. Die Betätigung in Gesangvereinen bleibt ein Surrogat, schafft aber vielleicht doch hier und da eine gewisse Erleichterung. Einen sonst braven und harmlosen Kollegen habe ich im Verdacht, daß er eine Familie nur gegründet hat, um gelegentlich brüllen zu können. Viele nehmen den Alkohol zu Hilfe, um Mut zum Krachmachen in irgendeiner Form zu finden. Ein Prosit der Gemütlichkeit! Andere wieder bedienen sich technischer Hilfsmittel in Form von Motorradgeknatter, Autohupen, Knallpistolen, Radio usw. Politische Parteien nützen das Brüllbedürfnis aus, indem sie die Leute animieren, ›Hurra‹ oder ›Pfui‹ zu schreien. Je nachdem. Günstige Chancen bot von jeher das Militär. Jeder knapp Avancierte kann geradezu Brüllorgien feiern, wenn ihm danach zumute ist. Im Zivilleben genießen die Chefs weitgehende Brüllprivilegien. Bei einigen habe ich das Gefühl, daß nur ihre Brüllsehnsucht ihnen die Energie zum sozialen Aufstieg verlieh. In manchen Landstrichen wird gejodelt. Andere schaffen sich Hunde an, um wenigstens hier und da mal ungeniert und mit voller Lautstärke ›Senta‹, ›Bella‹ oder ›verdammtes Mistvieh‹ in die Gegend brüllen zu dürfen.

Kurz und gut, ich habe das Brüllbedürfnis bis in alle Einzelheiten studiert, und dann habe ich eine Telefonzelle ohne Telefon bauen lassen. Für seine Gesundheit und seinen Frieden soll einem nichts zu teuer sein. Sobald jetzt einer seinen guten oder schlechten Gefühlen tönenden Ausdruck verleihen will, hat er in der Zelle zu verschwinden. Sie ist sozusagen der Ort für seelische Verdauung. Man kann je nach Laune unartikulierte Laute ausstoßen, ohne für irrenhausreif gehalten zu werden, oder einen imaginären Partner beschimpfen, ohne daß es dem weh tut und die Auseinandersetzung ins Chronische ausartet. Zuerst war's etwas schwierig, die Leute zum Verzicht auf den unsichtbaren Gegner zu bringen. Besonders bei Frauen ist das natürliche Brüllbedürfnis oft so degeneriert, daß sie den Hauptwert auf spitzfindige Meinungsverschiedenheiten legen. Gescheites kommt auch dabei nicht heraus.«

Soweit Moll. Seine Erfindung gefällt mir, sie ließe sich noch entwickeln. Könnte nicht jemand so eine Art schalldichten Kaffeewärmer konstruieren, den man immer bei sich tragen und jederzeit überstülpen kann? Kampf dem Lärm und Freiheit dem Lärm in einer Parole. Welch ein Fortschritt! Anschaffung und ständiger Gebrauch so einer Brüllkappe müßten natürlich Zwang sein. Aber ob dann das Brüllen überhaupt noch Spaß machen würde?

Axel Hacke
Alles vergeblich

Wahrscheinlich ist Erziehung Quatsch. Sie führt zu nichts oder allenfalls zum Gegenteil dessen, was man will. Als unsere Kinder ganz klein waren, hat Antje dem Max Puppen und der Anne Autos zum Spielen gegeben, damit sich die üblichen Rollenklischees bei ihnen gar nicht erst verfestigen. Aber dann haben die beiden einfach getauscht und so den allerersten Erziehungsversuch mitleidslos unterlaufen.

Daß mein Sohn möglicherweise nicht der bescheidene, zurückhaltende Mensch ist, zu dem ich ihn gern erzogen hätte, ist mir neulich aufgefallen, als ich ihn in den Kindergarten brachte. Er gab einer wildfremden Mutter, die gerade ihr Töchterlein aus dem Anorak schälte, einen kräftigen Klaps auf den Hintern und sagte: »Hallo Arschgeige!« (Ich weiß ja nicht mal, woher er das Wort hat!)

Und woher kommt diese Geschäftstüchtigkeit? Einmal hat er, als ich eine Lampe im Wohnzimmer montierte, zwei Achter-Dübel aus dem Werkzeugkasten geklaut und sie zwei Stunden später auf der flachen Hand mit den Worten angeboten: »Wenn ich zu Philipp darf, bekommst du das wieder.« Woher der unfehlbare Sinn fürs Materielle, besonders wenn es süß ist? Die Kakaodose hatten wir auf dem Küchenschrank versteckt, knapp unter der Decke, an einer Stelle, die für uns selbst kaum erreichbar war, nicht einmal für die Katze der Nachbarn, die gelegentlich durchs Haus streunt. Was soll ich sagen, der Knabe saß am Nachmittag auf dem Schrank und löffelte Kakaopulver in seinen Mund.

Dann kam dieses Familienfest mit siebzig würdigen, zum erheblichen Teil etwas älteren Gästen, und ich merke plötzlich, daß der Stuhl neben mir leer ist, und denke, wo der Knabe nun schon wieder ist. Da sehe ich, wie er von einem zum anderen geht, mit einer Plastiktüte in der Hand und der immer wiederholten Frage auf den Lippen: »Gibst du mir ein Geld?«

Ich versank im Erdboden. Als ich wieder auftauchte, waren in der Plastiktüte schon acht Mark dreißig.

Gegen solchen Erwerbstrieb kann man nicht anerziehen. Vielleicht kann ich in zwanzig Jahren mit dem Schreiben aufhören, wenn der Junge genug gesammelt hat. (Aber bedenken Sie bitte, wenn er zu Ihnen kommt: Ich hab' ihn nicht geschickt.)

ELKE HEIDENREICH
Staat und Umwelt

Also wissense, langsam wirtet ein ja richtich zu dumm – happ mitte Umwelt un alles – Wald am Sterben, Flüsse dreckich, Gift inne Luft, da wundersse dich manchma, wennze de Zeitung liest, dattwer nich schon alle tot sind, nä. Gift inne Eier, Seifenlauge inne Milch, Blei auffe Möhren, ja da müßter euch nich aufregen, datter Aabeiter dauernd krank is unte Krankenkassen nimmehr so reich werden wiese datt gewöhnt sind! Un soga datt biologische Gemüse, nä, wose selber Mist drauf machen, nä, da fällt ja auch von oben de giftige Luft drauf runter un von unten kommtat giftige Wasser, egal watte am Essen bis: krisse sofort Krebs von. Un mitte Nordsee könnwer bald Super tanken, soviel Öl hamse da schon im Wasser. Glaumse, datt gibt Tage, da frarich mich, ob sich datt lohnt, noch de Betten machen unte Fenster putzen un nache Volkshochschule gehen für zum Jogalernen, dattich mich nich über alles so aufrech, nützt aber nix, rechich mich trotzdem, datt gezz nur ma so nebenbei, wo warich?

Ach ja, datt ganze Gift, nä. Un dannoch dies Atom immer, wose nich wissen wohin mitten Müll, früher habbich immer gedacht, meine Zeit, watten Zirkus, tut ehmt jeder eima inne Woche sonne Tüte Atommüll in sein Ascheneimer, de Tonne wirt Donnerstach geleert un is doch soweso nie voll, aber laß de Tonne ma kaputt sein, dann hasse datt verseuchte Zeuch in Vorgaaten liegen unte Goldfische kriegen aunnoch so Furunkel wie de andern Fische schon alle haben, nänänä, Sorgen wode hinkucks. Alles giftich. Un gezz schießense schon Atom im Weltraum rauf, datt machtoch ga kein Spaß mehr, Himbeermammelade kochen, glaumse datt? Mitte Atomkraft, sagense, gäbet nur watt weiß ich alle pa Milliaden Jahre ma ein wirklich dicken Unfall, ja, Männecken, dann sintie pa Milliaden aber schon sowatt von rum, watt is denn dauernd, hieren Riß un da en Leck un gezz hamse diesen Kattastrofenschutz ja dafür gemacht, nä. Da kannze dich doch bloß ma widder wundern, watt Menschenhand sich alle ausdenkt, Sie. Wennet wirklich ma alle am Explodieren is, dann sollnwer nachen Rathaus hin un Jodtabletten abholen – ham Sie bei uns an Rathaus schomman Paakplatz gekricht? Jodtabletten abholen. Un dabei scheinz de Aktentasche überm Kopp legen, wie der Adenauer dammals immer gesacht hat für gegen de Strahlen un nich im Blitz reinkucken vonne Bombe ohne Sonnenbrille auf, je gezz sind Sie dran.

Un datt Neuste, wattich inne Zeitung gelesen hab, datt is, dattse den Bürger nich immer so beunruhigen wollen. Ein Herr ausset Gesundheitsministerium hat gesacht, also, datt is aunnich gut fürm Bürger, wenner datt immer alle gleich erfährt, wose widder Dioxin inne Erde gefunden ham un E 605 inne Milch un Blei auffe Möhren un wo datt Kraftwerk son klein fein Riß hat, den man eintlich ga nich so richtich sieht, bloß mit Anstellerei, unte Presse sollte ma nich so hüsterisch sein unten aam Bürger nich immer so fix von sowatt alle unterrichten, nä, nachher wärer nich bloß vergiftet, sondern krichtet vor lauter Schrecken aunnoch am Herz un datt könnte er, der Herr außen Gesundheitsministerium, könnte datt nich verantworten, un wennwer nich immer wüßten, watt alle los is, würden wer uns aunnich aufregen un dann hätten wer de Heimat un datt Vaterland auch lieber un datt wär auch besser fürde Regierung un überhaupt, diese ganze Besserwisserei immer un dies Krittisieren, da brächte doch aunnix.

Da sehnse ma. Soll nochma einer sagen, de Pollitiker würden sich nich wirklich echte Sorgen um uns machen, nä. In dieses unser Land. Un auf eima habbich ga keine Angst mehr. Ha, watt schön!

Eugen Roth
Kranke Welt

Nicht nur du selber kannst erkranken,
Die Leidgewalt kennt keine Schranken.
Auch was du hieltst für rein mechanisch,
Erkrankt oft depressiv und manisch.
Oft schleicht die Straßenbahn bedrückt,
Ein Telefon schellt wie verrückt,
Fährst du grad bei dem Schutzmann vor,
Stirbt untern Händen dein Motor.
Befällt der Brechreiz das Geschirr,
Saust es hinunter mit Geklirr.
Schifahrern beispielsweis tuts weh,
Zu laufen auf dem kranken Schnee.
Und selbst das sichre Flugzeug schwankt,
Sobald der Luftweg wo erkrankt.
Kurzum, die Welt, wohin du schaust,
Ist so voll Krankheit, daß dir graust.

Sinasi Dikmen
Kein Geburtstag, keine Integration

Nach jeder Geburtstagsfeier in Deutschland, zu der ich eingeladen worden bin, ist es das gleiche Theater. Seit einiger Zeit nehme ich Geburtstagseinladungen überhaupt nicht mehr an, weil ich ganz genau weiß, daß der bekannte Fragesturm mich wieder schüttelt, wenn ich hingehe.

- Warum feierst du denn deinen Geburtstag nicht?
- Soviel brauchst du wirklich nicht zu sparen.
- Willst du in kürzester Zeit in die Türkei zurückkehren?
- Wird in der Türkei kein Geburtstag gefeiert? Warum nicht?

Ich habe jedesmal eine andere Antwort gegeben. »Ich mag nicht«, habe ich gesagt, »daß wir uns nur wegen des Geburtstags treffen.« Ich habe gesagt, »Geburtstagfeiern ist eine Erfindung der Konsumgesellschaft; wenn wir uns treffen wollen, so brauchen wir doch keinen Grund«. Es hat alles nichts genützt. Ich weiß schon, daß meine deutschen Bekannten mich in ihre Gesellschaft voll integriert sehen wollen. Solange ich aber keinen Geburtstag feiere, scheitert dieser Integrationsversuch. Es fehlt mir nur dieser Scheiß-Geburtstag. Ich kann meinen deutschen Bekannten die Wahrheit nicht sagen, weil sie eben nur Bekannte sind und keine Freunde.

Bevor ich nach Deutschland gekommen bin, habe ich nicht gewußt, daß irgendein Tag im Leben eines Menschen so wichtig sein könnte. Meine Zukunft in Deutschland hängt von diesem Datum ab. Aber soviel ich weiß, habe ich keinen Geburtstag. In meinem Reisepaß steht zwar ein Datum, aber das ist nur geschrieben, damit die Deutschen nicht meinen, daß ich noch nicht geboren bin.

Wenn ich meinen Geburtstag feiere, will ich auch Spaß daran haben. Wie kann ich denn Spaß daran haben, wenn ich meinen Geburtstag an einem Tag feiere, an dem ich höchstwahrscheinlich nicht geboren worden bin?

Um meinen Geburtstag herauszubekommen, bin ich im letzten Jahr zum Urlaub in die Türkei gefahren. Wo sollte ich bloß anfangen? Beim Einwohnermeldeamt? Da kann man nur das offizielle Geburtsdatum erfahren. Ich habe ja schon ein Geburtsdatum. »Das kannst du vergessen, Sinasi«, habe ich mir gedacht. »Lieber fragst du deine engsten Verwandten, Mutter, Schwester, Onkel, Tante, Schwager.« So habe ich mit meiner Mutter angefangen. Meine Mutter ist wie alle anderen türkischen Mütter, geduldig und lieb. Sie kann weder lesen noch schreiben. Sie hat sechzehn Geburten hinter sich, es leben nur noch fünf Kinder. Sie hat immer gearbeitet und Kinder geboren, einen von uns hat sie im Wald, den anderen auf dem Feld, den anderen auf der Treppe beim Wassertragen, auf jeden Fall keinen von uns im Krankenhaus im gemütlichen, weichen Bett, umgeben von Krankenschwestern und ausgebildeter Hebamme, geboren. Sie ist eine von den türkischen Müttern, die alles machen, was ihre Männer wollen.

Sofort nachdem ich die hornhautvollen Hände meiner Mutter geküßt hatte, habe ich sie gefragt: »Sag mal, Mutter, erinnerst du dich daran, wann du mich geboren hast?«

»Mein lieber Sinasi, ist es so lebenswichtig, daß du an mich gleich diese blöde Frage stellst? Willst du nicht zuerst essen? Du bist ja einen weiten Weg gekommen. Ich habe Sarma [Krautwickel] mit Knoblauch gekocht, das hast du in Alemanien bestimmt nicht gegessen.«

»Nein, Mutter«, habe ich gesagt, »essen kann ich nachher. Ich möchte unbedingt wissen, wann du mich geboren hast.«

»Nicht so stürmisch, Sinasi. Haben die Alemanen dich so kaputt gemacht, daß du nicht mal an deine Lieblingsspeise denken kannst? Ich habe gehört, daß die Alemanen nur an Arbeit denken, ist es wahr? Sind sie denn so fleißig, daß sie ohne

Arbeit nicht leben können, oder sind sie so ungeschickt, daß sie mit der Arbeit nie fertig werden?«

»Mutter, die Alemanen denken nicht mehr nur an die Arbeit. Die junge Generation denkt jetzt an Saufen und Fernsehen, die alte Generation denkt an alte Zeiten und an Autos.«

»Was, an Saufen, das ist schlimm, Sinasi. Gott bewahre dich vor solchen Leuten. Du trinkst nicht? Das ist gut. Dein Vater hat auch nicht getrunken. Mein lieber Sinasi, wer nur an seine Arbeit denkt, der ist ein Besessener, und wer besessen ist, der ist kein Mensch. Um Mensch zu sein und zu bleiben, muß man auch an die anderen Dinge denken können, an die Blume, an das Feld, an den nächsten Nachbarn, an Kühe, an Bäume, an Eltern. Ich habe wieder viel gesprochen. Also, wann ich dich geboren habe? ... Laß mich mal überlegen.«

Meine Mutter hat über eine halbe Stunde überlegt. Inzwischen hat sie Hirtensalat gemacht. So guten Hirtensalat macht nur meine Mutter, mit Oliven, Schafskäse, Paprika, viel Gurken und Zwiebeln. Dann hat sie mir gesagt: »Ja, mein lieber Sohn aus Alemanien, ich habe gut überlegt, damit ich dich mit den anderen nicht verwechsle, und glaube herausgefunden zu haben, wann ich dich geboren habe. Du bist an dem Tag geboren, an dem unser kräftiger Bulle verschwunden ist. An dem Tag ist niemand zu Hause gewesen. Ich habe zu deinem Vater, Gott gebe ihm die ewige Ruhe, gesagt, daß es noch nicht soweit sei, er kann ruhig in den Wald zum Holzhacken gehen, und er ist dann auch gegangen. Zwar hat er vor sich hingebrummt, aber ich habe es nicht ernst genommen, die Männer brummen immer vor sich hin. Deine Geschwister habe ich aufs Feld geschickt, wegen eines Kindes kann man die Arbeit auf dem Feld nicht liegen lassen. Aber du, du warst so unruhig, du wolltest unbedingt raus. Kurz gesagt, zu Hause war niemand, um auf den Bullen aufzupassen, ich war sehr beschäftigt mit uns. Als ich gemerkt habe, daß unser Bulle verschwunden ist, warst du schon da, aber der Bulle war weg. Der Bulle war einer von besonderer Zucht. Er hat Bernstein geheißen, weil er eine Farbe wie ein Bernstein hatte. Jeder im Dorf hat uns beneidet, daß wir so einen Bullen hatten, und gesagt: ›Mensch, Sari Ahmet hat aber einen Bullen.‹ Ich vermute, ein böser Blick hat unseren Bullen getroffen.«

Ich habe meine Mutter gefragt in der Hoffnung, daß ich wenigstens die Jahreszeit herausbekommen könnte: »Liebe Mutter, warum hast du meine Geschwister auf das Feld geschickt? Was haben sie da machen müssen?«

»Woher soll ich denn jetzt wissen, mein Sohn, was deine Geschwister auf dem Feld machen mußten? Das ist ja schon lange her. Ich sage, es ist schon dreißig Jahre her, du meinst, zwanzig Jahre. Sie könnten Mais gehackt haben. Weißt du immer noch, was Maishacken ist? Obwohl du so lange in Alemanien bist, hast du es nicht vergessen? Das finde ich gut. Sie könnten Weizen geerntet haben oder sie könnten anderes gemacht haben. Warum willst du unbedingt wissen, wann ich dich geboren habe? Reicht es dir denn nicht, daß du überhaupt gesund geboren worden bist? Mein Sohn, seit du in Alemanien bist, hast du dich gewaltig geändert. Es tut deiner Mutter nicht gut. Jeder soll auf seinem Boden bleiben, hat dein Vater immer gesagt. Wenn dein Vater noch leben würde, wüßte er, wann ich dich geboren habe. Dein Vater hat alles gewußt. Fragst du mal deine älteste Schwester, sie muß es wissen, sie ist drei Jahre in die Schule gegangen, obwohl ich es nicht gewollt habe. Was soll ein Mädchen in der Schule!«

Nach dem Sarma habe ich zu meiner Mutter gesagt, daß ich meine Schwester besuchen will. Sie hat zu mir zwar nichts gesagt, aber sie war irgendwie beleidigt.

Meine Schwester sieht genauso alt aus wie meine Mutter. Sie hat acht Kinder, für die ich jedes Jahr aus Deutschland verschiedene Geschenke mitbringe. Wie sie alle heißen, weiß ich nicht genau. Die einzige Sorge meiner Schwester, über die sie mit mir redet, war und ist meine Heirat.

»Setz dich hin«, hat meine Schwester gesagt. »Soll ich dir Tee machen? Das geht ganz schnell.«

»Nein, danke.«

»Du, sag mal, wann willst du heiraten? Es ist schon Zeit, daß du auch ans Heiraten denken mußt, sonst bekommst du kein Mädchen aus unserem Dorf, wenn du so alt wirst. Oder hast du schon ein deutsches Mädchen?«

»Deutsches Mädchen habe ich noch keines. Da du schon vom Alter redest – weißt du, wann ich geboren wurde?«

»Selbstverständlich weiß ich, wann du geboren wurdest. Das war so: Unsere Mutter ist mit mir immer sehr streng gewesen. Als ich mich mit deinem Schwager verlobt habe, ist sie noch schlimmer geworden. Sie hat mir verboten, ihn zu sehen, geschweige denn ihn zu treffen. Wo ich auch hingegangen bin, hat sie mich verfolgt. Wenn wir Feldarbeit gemacht haben, durfte ich nicht mal allein aufs Klo gehen. Du bist an dem Tag geboren, an dem ich deinen Schwager das erstemal getroffen habe. Das war ein schöner Tag. Ich bin sicher, daß du an dem Tag geboren worden bist, sonst hätte ich deinen Schwager nicht treffen können. Als Mutter von dir Geburtswehen bekommen hatte, habe ich mir gedacht, jetzt oder nie. Sie hat mich zur Hebamme Tante Fadik geschickt. Unterwegs habe ich zu deinem Schwager ein kleines Mädchen mit einer Nachricht geschickt, daß er in der Scheune vom Onkel Mustafa auf mich warten soll. Wie ich mit der Hebamme Tante Fadik zur Mutter zurückgekommen bin, habe ich für das Kind Wasser warm gemacht, damit es gewaschen wird. Dieses Kind bist du gewesen. Dann bin ich ganz leise aus der Wohnung rausgeschlichen. Mutter hat im Bett in der Küche gelegen. Ich bin gleich in die Scheune vom Onkel Mustafa gegangen, wo dein Schwager auf mich warten sollte. Ich habe deinem Schwager Taschentücher geschenkt, auf die ich Tauben, Rosen und Herzen gestickt habe. Er hat mir Keks, Lokum [türkische Süßigkeit] und Feige überreicht. Ich weiß nicht, wie lange wir in der Scheune gewesen sind. Als ich wieder rausgegangen bin, hat es draußen in Strömen gegossen. Ich bin naß geworden wie eine Feldmaus. Wie ich nach Hause gekommen bin, habe ich Kindergeschrei gehört. Du hast ununterbrochen geschrien. Unsere Mutter hat nicht gemerkt, daß ich deinen Schwager schon getroffen habe.«

»Weißt du, in welcher Jahreszeit es gewesen ist?«

»Das weiß ich jetzt nicht. Wenn du das auch wissen willst, dann mußt du deinen Schwager fragen. Wenn er mal gute Laune hat, erzählt er von unserem ersten Treffen. Damals sei ich so rot geworden. Das ist nicht wahr. Er selbst hat mich nicht mal anschauen können. So schüchtern war er damals. Wenn du ihn fragen willst, mußt du dich gedulden. Er ist nämlich in der Stadt.«

Bis mein Schwager nach Hause kam, haben wir uns über alle möglichen Dinge unterhalten. Ob deutsche Mädchen so frei sind, daß sie, wenn sie einen Türken sehen, ihn gleich in die Arme nehmen, wollte meine Schwester von mir wissen. Als ich verneinte, war sie froh. Ich weiß nicht, warum.

Mein Schwager kennt nur eine einzige Aufgabe in seinem Leben, die er, das muß ich ehrlich zugeben, gewissenhaft erfüllt, nämlich: Kindermachen.

Nachdem mein Schwager und ich einen Wangenkuß getauscht hatten, habe ich ihm alles, was ich von meiner Schwester gehört habe, gesagt, und dann habe ich ihn gefragt, ob er weiß, wann ich geboren wurde.

»Wann du geboren bist? Das weiß ich. Hundertprozentig. Warum ich so hundertprozentig sicher bin, willst du wissen, nicht wahr? Ich erzähle dir das lieber von vorne. Ich möchte aber vorher das klarstellen, was deine Schwester dir über unser erstes Treffen erzählt hat. Das war typisch Weiberquatsch. Was habe ich dir immer gesagt, mein lieber Schwager Sinasi. Du darfst dich nie auf die Weiber verlassen, auch wenn eine von ihnen deine eigene Mutter ist. Das stimmt nicht, daß es an dem Tag, an dem wir, deine Schwester und ich uns zum erstenmal getroffen haben, geregnet hat. Das stimmt auch nicht, daß wir uns das erstemal in der Scheune vom Onkel Mustafa getroffen haben. Das ist in der Scheune vom Hadschi Hasan gewesen. Ach, die Weiber, die Weiber, die erzählen nie die wahre Wahrheit, sondern sie erzählen nur ihre eigene weibliche Wahrheit.

Kommen wir zu deinem Geburtstag. Als ich mich mit deiner Schwester verlobt habe, warst du noch nicht auf der Welt. Du, Weib, wann habe ich mich mit dir verlobt? Haha, woher sollst du das wissen? Du kannst mir nicht mal das sagen, was du gestern abend gegessen hast. Ja, so sind die Frauen, lange Haare, aber kurzer Verstand. Also, wir haben uns im Oktober 1947 verlobt. Im März 1948 bin ich zum Militärdienst einberufen worden, du bist immer noch nicht auf der Welt gewesen. Ich bin im August 1949 zum Urlaub gekommen. Als ich in unsere Wohnung eingetreten bin, hat mein Vater zu mir gesagt: Mein Pascha, wenn du dich ein bißchen erholt hast, dann gehe bitte zu deinen Schwiegereltern. Deine Schwiegermutter hat vorgestern nochmals einen Jungen bekommen, sie liegt jetzt im Bett. Ich bin dann zu euch gegangen. Deine Mutter hat im Bett gelegen, sie hat ganz elend ausgesehen. Deine Schwester war natürlich nicht zu Hause, weil ich meinen Besuch vorangemeldet habe. Du warst noch nicht in der Wiege, so klein bist du gewesen. Damals hattest du dunkle Haare gehabt. Wann ich auf Urlaub gekommen bin? Ich kann es dir gleich sagen, Moment, warte bitte.«

Mein Schwager hat seinen Personalausweis geholt und nachgesehen, wann er auf Urlaub gekommen ist, dann hat er weiter erzählt: »Da, schau, ich bin am 5. August von Edirne abgefahren, damals hat die Reise mit dem Zug zwei Tage gedauert, am 7. August bin ich im Dorf angekommen, wo mein Vater mir gesagt hat, daß meine Schwiegermutter vorgestern ein Kind bekommen hat. Dann mußt du am 5. August 1949 geboren sein, als ich gerade von Edirne abgefahren bin.«

Ich konnte mich aber, so gern ich auch wollte, nicht auf meinen Schwager verlassen, weil er mich mit meinem inzwischen verstorbenen Bruder verwechselt. An dem Tag, den mein Schwager mir als meinen Geburtstag angab, ist jemand von der Familie geboren, der Ibrahim geheißen hat und am 2. April 1950 gestorben ist. Auf seinem Grabstein steht geschrieben, wann er geboren und wann er gestorben ist.

Von da aus bin ich zu meinem Onkel, dem Bruder meines Vaters, gegangen. Für meinen Onkel habe ich Rasierklingen aus Deutschland mitgebracht, weil er einen harten Bart hat und sich nur mit den deutschen Rasierklingen rasieren kann. Die deutschen Rasierklingen seien sogar die besten der Welt, wie die deutschen Autos und Maschinen. Mein Onkel ist immer noch Vollblutpolitiker. Der war Mitglied in allen Parteien der Türkei. Die längste Zeit hat er es in der Demokratischen Partei ausgehalten, die jetzt verboten ist. Zu Hause hat er immer noch ein Bild von Menderes, der vom Militärgericht aufgehängt wurde. Jetzt aber wechseln die Parteien jedes Jahr.

»Na«, hat er gesagt, nachdem ich seine Hand geküßt habe, »sind die Sozialdemokraten, diese Stiefbrüder von den Kommunisten, immer noch an der Macht in Deutschland? Wie sind die Parteien denn in Deutschland, machen sie auch viel Krach um einen Stuhl?«

»Die Parteien in Deutschland sind ganz vernünftig, Onkel«, habe ich gesagt. »Die scheinen unter sich ausgemacht zu haben, daß jede alle zwanzig Jahre an die Macht kommt.«

»Das ist typisch deutsch. Die Deutschen planen alles voraus, und sie sind sehr diszipliniert. Ich habe mal gehört, nach dem Zweiten Weltkrieg hätte der deutsche Kanzler, der Alte, ich weiß jetzt momentan nicht, wie der geheißen hat, an das deutsche Volk appelliert, daß jede Familie täglich ein einziges Ei essen soll; die deutschen Familien hätten dann nicht mal versucht, ein zweites zu essen. Sind sie immer noch so diszipliniert?«

»Nein, Onkel, sie sind lascher geworden, seit die Türken in Deutschland arbeiten. Die Türken haben sie verdorben.«

»Schade um das deutsche Volk.«

»Onkel, ich habe eine wichtige Frage an dich. Ich möchte von dir wissen, wann ich geboren wurde. Kannst du mir das sagen?«

»Ich kann dir den genauen Tag nicht sagen, weil, als du geboren worden bist, weder in der Türkei noch in der Welt was wichtiges Politisches geschehen ist. Mein Sohn Selim ist am 1. Juni 1950 geboren, nachdem Menderes mit unserer legendären Demokratischen Partei die ersten Wahlen gewonnen hat. Du bist zwei Jahre älter als Selim. Meine Tochter ist am 9. Mai 1945 geboren. Du weißt, was am 9. Mai 1945 passiert ist. Du bist drei Jahre jünger als sie. Dann, meine ich, mußt du 1948 geboren worden sein, sonst könntest du nicht zwei Jahre älter als er und drei Jahre jünger als sie sein. Warum willst du das denn jetzt wissen?«

»Onkel, du kennst ja die Deutschen, die wollen alles ganz genau wissen. Ich habe zwar ein Geburtsdatum in meinem Reisepaß, aber soviel ich weiß, ist das auch nicht das richtige.«

»In der Tat. Als du in die Mittelschule gehen wolltest, warst du so jung, daß wir dich mit zwei Zeugen gerichtlich zwei Jahre älter machen mußten, damit du überhaupt in die Schule aufgenommen wurdest. Nach deinem ersten Personalausweis bist du 1947 geboren, aber das ist, wie gesagt, nicht das richtige Datum gewesen. Weißt du, was du machen mußt? Geh zu deinem Volksschullehrer, er muß es wissen. Ihn findest du bestimmt in dem Lehrerlokal.«

Am nächsten Tag bin ich in die Stadt gefahren. Wie mein Onkel gesagt hat, habe ich meinen ehemaligen Lehrer im Lehrerlokal gefunden. Wie alle türkischen Beamten, die nicht wissen, was sie machen sollen, wenn sie pensioniert sind, ist mein

Lehrer inzwischen auch sehr gealtert. Auf der Nase hatte er zwei Brillen, um die Zeitung lesen zu können. Er hat mich nicht erkannt. Er ist schwerhörig geworden und hat mich vier- oder fünfmal gefragt, wer ich sei.

»Wer bist du? Sprich lauter.«

»Ich bin Sinasi, Sohn vom Sari Ahmet aus Kiyiköy.«

»Du brauchst doch nicht zu schreien. Ein bißchen lauter, habe ich gesagt. Also du bist Sinasi. Was machst du hier? Ich habe gehört, du arbeitest in Deutschland. Erzähle mir von Deutschland. Ist das wahr, daß die Türken in Deutschland viele Probleme haben?«

»Es ist nicht wahr. In Deutschland haben die Türken nur Geburtstagsprobleme.«

»So, so. Die türkischen Zeitungen müssen immer unwahre Dinge schreiben. Was ist mit den türkischen Kindern? Haben sie auch keine Probleme?»

»Jawohl, sie haben auch keine Probleme. Sie selbst haben immer gesagt, wer lernen will, der lernt auch.«

»Ja, du hast recht. Wer lernen will, der lernt auch.«

Damit es die anderen Anwesenden im Lokal nicht mitbekamen, habe ich ihn ganz leise nach meinem Geburtstag gefragt: »Wissen Sie, wann ich Geburtstag habe?«

»Was weiß ich?« hat er geschrien. »Deinen Hochzeitstag? Du hast mich ja nicht eingeladen. Wie viele Kinder hast du schon?«

»Ich habe keine Kinder. Ich bin noch ledig. Ich wollte wissen, wann ich geboren wurde.«

Er schien meine Frage nicht verstanden zu haben.

»Ja, dann ist es noch leichter. Um deinen Hochzeitstag zu wissen, mußt du zuerst heiraten. Ich möchte eingeladen werden, hast du mich verstanden, Sinasi? Sei nicht so frech wie die anderen aus Deutschland. Die sind alle frech, die in Deutschland arbeiten, weil sie viel Geld haben. Übrigens, wie lange ist es schon her, daß dein Vater gestorben ist? Der ist ein ganz netter Mensch gewesen. Sei wie dein Vater.«

Ich bin aufgestanden. Ich wollte weggehen. Mein ehemaliger Lehrer hat seinen Kopf noch mal langsam gehoben und mich eine Weile angesehen.

»Sinasi, was lernen die deutschen Kinder in der Schule als Nationalgeschichte über 1933–1945?«

»Davon habe ich keine Ahnung. Die deutschen Eltern selbst haben keine Ahnung, habe ich gehört.«

Er hat sich gewundert. »Waas«, hat er gesagt, »die Deutschen selbst haben keine Ahnung. So was.«

Meine letzte Hoffnung war der Dorfälteste. Wir nennen ihn Alaman Tüfegi, was auf deutsch

Deutsches Gewehr heißt, weil er in Galizien mit den Deutschen gekämpft hat, worauf er immer noch stolz ist. Er ist uns gegenüber, die in Deutschland arbeiten, gesprächiger als anderen gegenüber. Er spricht mit uns immer noch mit seiner militärischen deutschen Sprache, die er in Galizien gelernt hat.

Vor meiner Abreise nach Deutschland hat er mich zu sich gerufen und mir gesagt: »Na, Sinasi, morgen fährst du nach Alemanien, kannst du Alemanisch?« Ich habe gesagt »Nein«. Er hat mir dann ein paar deutsche Wörter beigebracht: Strammstehen, Rührt euch, Jawohl. »Schade«, hat er gesagt, »daß ich nicht jung genug bin, sonst wäre ich auch ins Land gegangen, wo die tapfersten und anständigsten Männer der Welt leben.«

Ich fand ihn niedergekauert und an die Mauer seines Gartens gelehnt. Er war für sein Alter immer noch sehr rüstig.

»Sinasi, seit wann bist du wieder im Lande? Was ist mit meinen Freunden? Haben sie noch nicht vor, wieder einen Krieg zu führen?«

»Nein, Dede [Opa], jetzt machen deine Freunde Geschäfte, die Juden machen Krieg.«

»Die Juden, die Juden. In letzter Zeit höre ich nur, wie tapfer die Juden sind. Die Juden könnten nie einen Krieg gewinnen, wenn die Araber ein bißchen mannhafter wären. Krieg können nur die Türken und meine Freunde, die Deutschen, führen. Die Deutschen sind genauso tapfer wie wir.«

Ich habe ihm deutsche Zigaretten mit Filter gegeben. Außer deutschen Zigaretten rauchte er nie Zigaretten mit Filter.

»Dede«, habe ich gesagt, »ich habe eine Bitte an dich. Ich muß unbedingt meinen Geburtstag wissen. Du kennst ja deine Freunde, sie wollen alles wissen. Jetzt habe ich mit ihnen Schwierigkeiten, weil ich nicht sagen kann, wann ich geboren worden bin.«

»Wie du sagst, sind die Deutschen meine besten Freunde. Die sind dankbare Menschen, sie vergessen nie etwas. Weil wir ihnen im Ersten Weltkrieg geholfen haben, helfen sie uns jetzt. Sie holen unsere Männer in ihr Vaterland, damit unsere Armen etwas verdienen. Was wollen sie von dir wissen? Deinen Geburtstag wollen sie wissen. Ich habe mal in Galizien einen deutschen Hauptmann gehabt, der hat von Graf geheißen. Er hat Haare gehabt wie Weizen, Augen wie das Meer. Er hat mich mal gefragt, wie ich heiße. Ich habe ihm im Strammstehen geantwortet, natürlich deutsch, ich heiße Ali, Herr Hauptmann. Dann wollte er wissen, wie alt ich bin. Ich habe ihm gesagt, das weiß ich nicht. Er hat mich gefragt, wann ich geboren bin. Ich habe ihm gesagt, ich bin geboren, Herr Hauptmann, eine Woche, nachdem unser schwarzer Ziegenbock vom Wolf im Wald gefressen worden ist. Der hat gelacht und gelacht, ich weiß nicht, warum. Jetzt wollen sie von dir wissen, wann du geboren worden bist? Heißt der, der dich fragt, zufällig von Graf?«

»Es fragt mich nicht nur ein Deutscher. Alle Deutschen, die ich kenne, wollen es wissen.«

»Alle? Ach, der Hauptmann von Graf. Der hat allen Deutschen beigebracht, daß sie die Türken nach ihren Geburtstagen fragen sollen. Sinasi, das wievielte Kind vom Sari Ahmet bist du gewesen?«

»Ich bin das siebte Kind.«

»Das ist jetzt schwer zu sagen. Komm, zuerst trinken wir Tee.«

Ich bin mit Alaman Tüfegi in seine Wohnung gegangen, um Tee zu trinken. Wir haben zusammen eine Kanne Tee ausgetrunken. Dann hat er noch mal gesprochen.

»Du bist an dem Tag geboren, an dem der Gouverneur der Stadt ins Dorf gekommen ist. Es war sehr heiß. Der damalige Dorfvorsteher hat mich beauftragt, dem berüchtigten Gouverneur Airan [Getränk aus Joghurt] anzubieten. Der Gouverneur hatte einen Kopf wie ein Spiegel. Er ist mit seinem ganzen Stab gekommen, die standen alle hinter ihm und nickten nur mit den Köpfen. Er selbst hat Airan lukluk getrunken und gesagt, es sei nicht gut gewesen, obwohl das Airan aus reiner Ziegenmilch gemacht worden ist. Ich habe mich granatenmäßig geärgert. So was hat mir noch nicht mal mein strenger deutscher Hauptmann gesagt. Dieser komische, miese Gouverneur hat uns alle von oben herab angesehen, als wären wir ganz merkwürdige Tiere, und ist, ohne seine Rede zu halten, weggegangen. Meine Freunde haben solche Idioten in ihrer Sprache Arschloch genannt. Ob sie solche Leute immer noch so nennen, weiß ich nicht. Der Gouverneur hat nicht mal Aufwiedersehen gesagt.

Als ich verärgert und müde nach Hause gekommen bin, hat meine Frau, Gott hab sie selig, zu mir gesagt: ›Du, Alter, die arme Frau vom Sari Ahmet hat wieder eine Geburt. Das ist ihr siebtes Kind. Ich muß sie mal besuchen.‹ Dann ist sie zu euch gegangen. Du bist dieses Kind gewesen.«

»Dede, ich brauche die Jahreszeit. Wann ist dieser miese Gouverneur ins Dorf gekommen?«

»Ich meine, der miese Gouverneur muß im Juli ins Dorf gekommen sein. Er könnte genausogut im August gekommen sein. Im August ist es ja auch sehr heiß. Es wäre natürlich besser, wenn du ihn persönlich fragen könntest. Ob er noch lebt?«

Ich wollte mit dem Dorfältesten noch mehr darüber reden, aber er hatte keine Lust mehr, über meinen Geburtstag zu sprechen.

»Die Deutschen sind zwar meine Freunde, aber sie sind auch nur Menschen, sie sind ein bißchen verrückt. Sie wollen alles schriftlich haben. Nimm ihnen das nicht übel. Wenn du morgen nichts anderes zu tun hast, komm vorbei. Ich erzähle dir mehr über meinen Hauptmann von Graf. Er hat auch viele verrückte Seiten gehabt.«

Trotz all meiner Bemühungen ist es mir nicht gelungen herauszufinden, wann ich geboren wurde.

Ich bin wie alle Deutschen auch von einer Mutter geboren worden. Ich hoffe, daß das reicht, um integriert zu werden. Geburtstag zu feiern, wie die Deutschen das tun, habe ich sowieso keine Lust.

****

»Warum haben Fische Schuppen?« – »Na, wo sollten sie sonst ihre Fahrräder unterstellen?«

***

Der Arzt nach gründlicher Untersuchung zum Patienten: »Lassen Sie es mich mal so sagen: Sie brauchen sich um die steigende Zahl der Verkehrstoten, um die zunehmende Kriminalität und um die Umweltverschmutzung keine Sorgen mehr zu machen.«

***

»Mein Hund hat mir das Leben gerettet«, sagt Herr Meier stolz im Büro. »Was? Dein kleiner Dackel? Wie ist denn das passiert?« – »Im vorigen Winter war ich krank. Drei Ärzte haben versucht, an mein Bett zu kommen, aber er hat keinen herangelassen!«

***

»Anne«, sagt die Freundin, »dein Mann erzählt, er führe ein Hundeleben.« – »Stimmt«, bestätigt Anne, »er kommt mit schmutzigen Füßen ins Haus, macht es sich vor dem Ofen bequem, knurrt herum – und lauert auf sein Essen.«

****

★★★

Stumm stehen zwei Angler am Fluß. Nach sechs Stunden faucht der eine: »Jetzt hast du schon wieder das Standbein gewechselt. Angeln wir nun oder tanzen wir Foxtrott?«

★★★

Eine Ziege und eine Schnecke verabreden einen Wettlauf. Ziel: das Vorzimmer des Generaldirektors. Die Ziege rennt los, doch beim Direktor wartet schon die Schnecke. »Wie hast du das geschafft?« fragt die Ziege. »Weißt du«, sagt die Schnecke, »mit Kriechen kommst du hier schneller zum Ziel als mit Meckern.«

★★★

Nach dem Letzten Abendmahl erscheint der Kellner und fragt: »Alles zusammen?« – »Nein«, sagt Judas, »bitte getrennt.«

★★★

Sitzen zwei nach einer durchzechten Nacht auf einer Bank im Park. Sagt der eine: »Wie schön frisch die Luft heute morgen ist!« Antwortet der andere: »Kein Wunder. Sie war ja auch die ganze Nacht draußen.«

★★★

Inge Helm
Vergeßlichkeit liegt bei uns in der Familie

Das muß ich von meiner Großmutter geerbt haben: Ich verlege nicht nur Dinge des täglichen Gebrauchs wie Autoschlüssel, Brille, Handtasche und Pillendöschen, sondern vergesse auch, die Haustüre zu schließen, wenn ich fortgehe, den Braten vor den Hunden zu verstecken, wenn ich außer Haus bin, oder die Strom- und Telefonrechnung zu bezahlen, so daß wir im Dunkeln sitzen und obendrein völlig abgeschnitten von der übrigen Welt sind.

Außerdem entfallen mir immer so wichtige Daten wie Geburtstage, Arzttermine, vornehmlich die beim Zahnarzt, die Zahnregulierung unserer Hündin und der Hochzeitstag. Dabei bin ich sogar im Besitz einer Mutter, die ständig ihren Leitsatz »heilige Ordnung, segensreiche Himmelstochter« auf den Lippen trägt.

Trotzdem bringe ich es nicht rechtzeitig fertig, meine Winterklamotten zu Beginn des Sommers in den Keller zu räumen und die Sommersachen nach oben, und merke diesen fatalen Fehler erst dann, wenn ich bei dreißig Grad im Schatten um ein Haar im Skipullover einem Hitzschlag erliege.

Selbst bei der Trauung vor fünfundzwanzig Jahren befanden sich in meinem entzückenden Handtäschchen nur Lippenstift, Puderdose und ein irrsinnig aufregendes Parfüm für die Hochzeitsnacht, welche dann leider verschoben werden mußte, da Personalausweis, Reisepaß oder Führerschein fehlten, um mich auszuweisen.

So war es auch nur eine Frage der Zeit, daß der Vater meiner drei Kinder seinen Hut nehmen wollte, dann aber doch nicht ging, weil ich mich nicht erinnerte, wohin ich diesen verlegt hatte. Heute ist er wesentlich ruhiger geworden, atmet tief durch und bezahlt kommentarlos Strom- und Telefonrechnung, so daß ich Wachskerzen nur noch wegen der Romantik im Hause zu haben brauche. Er ist auch derjenige, der fünfzig Kilometer fährt, um mir den Ersatzschlüssel für mein Auto zu bringen.

Doch bevor ich nun wirklich aufatmen konnte, zog meine älteste Tochter in ihre erste eigene Wohnung. Neulich kam sie für ein verlängertes Wochenende vorbei und fragte gleich an der Haustüre, was geschähe, wenn sie die Kaffeemaschine angelassen habe und diese nun fünf Tage vergeblich versuche, Kaffee zu kochen.

Abgesehen davon, daß ich sicher bin, mein kleines Fehlerlein nicht vererbt zu haben, versuchte mein Mann, ihr klarzumachen, daß, wenn überhaupt, zuerst die Heizplatte durchschmore, der

Tisch und der Fußboden, bevor das ganze Haus in Flammen stünde.

Er mußte umgehend den Wagen starten und mit uns zur Wohnung meiner Tochter rasen, vier Treppen hinaufjagen, den Feuerlöscher aus der Wand reißen und die Wohnungstüre aufbrechen, bloß um festzustellen, daß sie nicht nur die Maschine vorschriftsmäßig ausgeschaltet, sondern sogar den Stecker aus der Wand gezogen hatte. Nachdem sie uns mit einem Kognak wieder belebt hatte, kehrten wir beruhigt nach Hause zurück.

Kaum betraten wir die heimische Schwelle, da erkundigte sich meine Tochter, wie hoch wohl die Lebensdauer einer Sechzig-Watt-Birne sei. Und als sie meinen entgeisterten Blick auffing, sagte sie gedehnt: »Na ja, ich glaube, jetzt habe ich in der Aufregung das Licht in der Diele brennen lassen.«

TRUDE EGGER
Manchmal hab ich das Gefühl, der Eierschneider mag ihn lieber als mich

»Ich muß etwas gegen meine Isolation tun. Ich komme mir vor wie eine Maus in ihrem Loch«, sagte ich, während ich Kaugummi aus dem Teppichboden kratzte.

»Du hast ein Haus mit fünf Zimmern, Bad, Küche, Hobbyraum und einer Terrasse, so groß wie das Sonnendeck der Britannia«, erwiderte mein Mann gekränkt. »Und das nennst du Loch?«

»Nein, nein, du verstehst mich nicht. Was ich sagen will, ist, ich müßte einmal in eine andere Umgebung.«

Seine Augen wurden schmal. »Fängst du schon wieder mit Paris an?«

»Wer redet von Paris? Hör mal, ich will nichts anderes als einmal neue Gesichter sehen. Ich möchte mit jemandem reden, der sich nicht den Kopfhörer überstülpt, sobald ich den Mund aufmache. Weißt du, daß ich schon so weit bin, daß ich mich mit meinen Suppentellern auf englisch unterhalte?«

»Wieso auf englisch?« fragte er.

Das war vor rund einem Jahr. Seither habe ich es aufgegeben, von ihm Hilfe zu erhoffen. Ehemänner verstehen nicht, wie einer Frau zumute ist, deren Horizont im Osten von einem Berg Bügelwäsche und im Westen vom Entsafter begrenzt wird.

»Glaubst du vielleicht, es geht nur dir so?« Hanna beugte sich über das Bügelbrett zu mir herüber, flüsterte: »Weißt du, was *ich* getan habe? Ich habe meinen Handstaubsauger gegen einen mit Schlauch eingetauscht, du weißt schon, so einen, den man hinter sich herzieht.«

Das, meinte ich, wäre ja wohl noch kein bedrohliches Symptom –

»Ich gehe mit ihm in der Wohnung spazieren.«

»Na schön. Das verschafft dir Bewegung.«

Ihre Stimme wurde noch leiser. »Vor zwei Wochen habe ich ihm ein Hundehalsband gekauft ... Was mich stört, sind bloß die Flecken.«

»Welche Flecken?«

»Er pinkelt mir ständig auf den Teppich.«

Ich hörte auf, an meinem Kuchenstück zu kauen. »Wie alt ist er?«

»Der Staubsauger? Zwei, drei Monate.«

»Was willst du«, sagte ich, »dann ist das doch ganz natürlich. Er ist noch nicht stubenrein.«

Sehen Sie, was ich meine?

Andererseits ist es nur verständlich, daß ein Mensch mit mangelnden menschlichen Kontakten sich enger an die Dinge anschließt, mit denen er täglich zu tun hat. Erstaunlich allerdings ist, daß sich umgekehrt auch diese Dinge an den Menschen anschließen. Mein Gummibaum zum Beispiel weinte, als ich ihn zum ersten Mal nach zwei Jahren mit lauwarmem Bier abwusch. Und als ich ihm kürzlich eine heitere Geschichte von Kishon vorlas, trieb er an allen drei Ästen gleichzeitig aus. Der Eierschneider dagegen kann mich nicht leiden, der mag nur meinen Mann. Für ihn tranchiert er das Ei exakt wie ein Laserstrahl. Bei mir macht das Luder aus jedem Ei einen Mushaufen.

Es ist möglich, daß ich ihn einmal beleidigt habe.

Ausgesprochen lästig finde ich die übertriebene Anhänglichkeit der Waschmaschine. Sie hat ernsthafte Anzeichen von krankhafter Eifersucht entwickelt. Damals, als ich neue Zahnputzgläser aufs Regal stellte, unternahm sie ihren ersten Selbstmordversuch durch Verschlucken einer Schraubenmutter.

Einen Tag nach der Installation des Durchlauferhitzers waren ihre Einspritzdüsen verstopft.

Jedesmal wenn ich die Badewanne putze, sage ich laut und deutlich: »Ich hasse dieses dreckige, speckige Trumm!«, nur damit die Waschmaschine nicht denkt, ich hätte die Badewanne lieber als sie, und sich wieder einmal zum Sterben bereitmacht.

Gottlob ist sie leicht zu versöhnen. Meist genügt schon das Auflegen eines frisch gestärkten Häkeldeckchens.

Ich *weiß* zum Beispiel, daß mein Kartoffelschäler ein kleiner Schelm ist. Er liebt es, mit mir Verstecken zu spielen. Ich suche ihn überall. Ich räume den gesamten Mist aus dem Dreckeimer, stülpe alle Schuhe um und keife mit den Kindern. Aber im Grunde meines Herzens bin ich überzeugt: Der taucht erst wieder auf, wenn *er* will. Und er taucht wieder auf. Eine Stunde später oder auch erst nach vier Tagen liegt er auf seinem Platz und sieht so unschuldig aus, als wäre er nie weggewesen.

Ich habe angefangen, mich zu rächen. Ich suche ihn jetzt nicht mehr. Zwar ist mir klar, daß ich ihn dadurch aller Lebensfreude beraube, ich merke es an seinen hängenden Mundwinkeln, aber ich muß meine Nervenkraft schonen. Ich kann sie nicht an einen Kartoffelschäler verplempern.

So wie es aussieht, werde ich sie über kurz oder lang für Wichtigeres brauchen.

Art Buchwald
Der Elektriker kommt!

Ich spielte gerade Tennis, als mich meine Frau anrief. Sie klang ganz aufgeregt: »In einer Stunde kommt der Elektriker!«

»Das sagt er schon seit einem Monat. Warum sollten wir ihm ausgerechnet heute glauben?«

»Weil er von sich aus angerufen hat. Ich weiß genau, daß er kommt. Das hab' ich im Gefühl.«

Als ich nach Hause kam, staubte meine Frau gerade die Möbel ab und rückte die Blumen hübsch zurecht. »Du solltest dich duschen«, erklärte sie mir, »und ein Hemd anziehen und einen Schlips umbinden. Ich möchte nicht, daß er denkt, wir könnten uns seinen Service nicht leisten.«

»Aber er ist doch nur ein Elektriker«, protestierte ich.

»Er ist mehr als das. Er ist der Schlüssel zu unserem gesamten elektrischen Sicherungssystem. Die ganze Anlage in diesem Haus ist durchgeknallt, und ich bin nicht gewillt, das länger zu ertragen.«

Ich duschte mich, zog mein bestes italienisches Hemd an und band mir einen italienischen Seidenbinder um, nicht zu vergessen den blauen Blazer, den ich nur für die britischen Majestäten und amerikanische Arbeiter anziehe.

Meine Frau stellte eine Flasche Wein kalt. »Ich hoffe, er mag Pouilly-Fuissé.«

»Sonst wäre er nicht im Steckdosengeschäft«, versicherte ich ihr. »Ich verstehe immer noch nicht, warum wir keinen anderen Elektriker bestellt haben, als er vorigen Monat wieder nicht kam.«

»Es ist unmöglich, jemanden zu bekommen, weil sie eine aussterbende Art sind. Die meisten Elektriker gestatten einem nicht mal, ihnen was auf ihren Anrufbeantworter zu sprechen.« Sie puderte sich die Nase und seufzte: »Hoffentlich gefallen wir ihm.«

»Was ist der Unterschied, ob wir ihm gefallen oder nicht?« fragte ich.

»Wenn wir ihm nicht gefallen, geht er gleich zur Türe raus und belegt unseren Sicherungskasten mit einem ewigen Fluch. Also, wenn er kommt, führe ihn gleich ins Wohnzimmer und sieh zu, daß er es sich gemütlich macht. Ich habe auf allen Tischen Bilder von den Kindern ausgelegt. Er soll merken, wieviel uns die Familie bedeutet, falls er Republikaner ist. Vor allem: sprich mit ihm nicht über Politik. Ich habe keine Lust, über dem Problem des Schulgebets einen Elektriker loszuwerden.«

»Worüber soll man denn mit einem Elektriker sprechen?« wollte ich wissen.

»Über Benjamin Franklin. Schließlich war er

der Vater der Elektrizität. Und dann Thomas Edison. Für Elektriker ist Edison das Gelbe vom Ei.«

»Ich könnte mit ihm vielleicht über die Börse sprechen«, schlug ich vor. »Soviel ich weiß, gehört jeder zugelassene Elektriker automatisch zu den glücklichen 500.«

Sagte meine Frau: »Ich bin mit den Nerven am Ende. Es ist schon so lange her, daß ich einen Mann kennengelernt habe, der mit der Zange arbeitet.«

»Reiß dich zusammen!« sagte ich. »Ein Elektriker zieht seine Unterhosen auch nur Bein für Bein an, gerade wie ein Klempner.«

»Mir wäre viel wohler, wenn ich den Keller aufgeräumt hätte.«

»Du machst dir unnötig Sorgen. Wenn er erst mal die Flasche Pouilly-Fuissé verputzt hat, wirst du sehen, geht er die Treppe runter, reißt den Sicherungskasten aus der Wand und hat den Kurzen im Handumrehen entdeckt.«

»Ich kann nur hoffen, du hast recht. Ich meine, wir sollten es schon als Ehre betrachten, daß er überhaupt vor unserem Haus anhält«, sagte sie. »Meinst du, wir sollten die Larrimores anrufen? Die warten schon vier Jahre auf einen Elektriker.«

»Das würde alles nur noch schlimmer machen. Ich bin überzeugt, die wissen gar nicht, wie man sich einem zugelassenen Elektriker gegenüber benimmt. Es würde mich nicht wundern, wenn sie sich zum Narren machten und vor ihm auf die Knie fielen.«

***

Bach, als seine Frau starb, sollte zum Begräbnis Anstalten machen. Der arme Mann war aber gewohnt, alles durch seine Frau besorgen zu lassen; dergestalt, daß da ein alter Bedienter kam, und ihm für Trauerflor, den er einkaufen wollte, Geld abforderte, er unter stillen Tränen, den Kopf auf einen Tisch gestützt, antwortete: »sagts meiner Frau.«

Heinrich von Kleist

Michael Sostschenko
Eine geheimnisvolle Geschichte

Von dieser geheimnisvollen Geschichte hat mir ein Arzt für Innere und Kinderkrankheiten erzählt.

Es war ein ziemlich alter und ganz grauhaariger Arzt. Ob er durch diese Tatsache oder nur so allgemein grau geworden war, weiß man nicht. Nur war er tatsächlich grau, und seine Stimme war heiser und brüchig.

Für die Stimme gilt dasselbe. Man weiß nicht, weswegen er seine Stimme versoffen hat. Wegen dieser Tatsache oder nur so allgemein.

Aber darum geht es nicht.

Da sitzt dieser Arzt einmal in seinem Arbeitszimmer und denkt seine traurigen Gedanken: »Der Patient«, denkt er, »lohnt sich heut nicht mehr. Das heißt, jeder ist nur darauf aus, daß er mit Krankenschein umsonst behandelt wird. Zum Privatarzt zu gehen ist nicht mehr Mode. Man könnte direkt die Bude zumachen.«

Und auf einmal ertönt die Klingel.

Herein kommt ein Bürger in mittleren Jahren und klagt über Unpäßlichkeit. Sein Herz bleibe immerfort stehen und er fühle überhaupt, daß er bald nach diesem Besuch sterben werde.

Der Arzt untersuchte den Kranken – nichts

dergleichen. Völlig gesund wie ein Stier, rosig, und das Schnurrbärtchen nach oben gezwirbelt. Und alles an Ort und Stelle. Und keinerlei Absterben im Organismus zu bemerken.

Da verschrieb der Arzt dem Kranken Salmiak-Anistropfen, nahm für den Besuch sieben Griwnas, schüttelte den Kopf und gebot, gemäß den Regeln seines Berufes, morgen noch mal wiederzukommen. Hiermit trennten sie sich.

Anderntags um dieselbe Zeit kommt zum Arzt ein altes Weib in schwarzem Tuch. Sie schneuzt sich alle Augenblicke, weint und sagt: »Neulich«, sagt sie, »ist mein geliebter Neffe Wassilij Ledenzow zu Ihnen gekommen. Und sehen Sie, heute nacht ist er gestorben. Kann man ihm daraufhin nicht einen Totenschein ausstellen?«

Der Arzt sagt: »Das ist sehr erstaunlich«, sagt er, »daß er gestorben ist. An Anistropfen stirbt selten jemand. Nichtsdestoweniger«, sagt er, »kann ich keinen Totenschein ausstellen, ich muß den Verstorbenen sehen.«

Das alte Weib sagt: »Ganz ausgezeichnet. Kommen Sie nur mit. Gleich hier in der Nähe.«

Da nahm der Arzt sein Instrument, zog sich – beachten Sie das! – Gummischuhe an und ging mit der Alten weg.

Und nun steigen sie in den fünften Stock hinauf. Treten in die Wohnung. Tatsächlich, es riecht nach Weihrauch. Der Verstorbene ist auf dem

Tisch aufgebahrt. Kerzen brennen rundum. Und irgendwo gnuckst jämmerlich die Alte.

Und so wurde es dem Arzt trübselig und ekelhaft zumute.

»Ich alter Krauter«, denkt er, »hab mich in einem Patienten so verheerend getäuscht. Schöne Schererei für sieben Griwnas.«

Er hockt sich an den Tisch und schreibt schnell die Bescheinigung. Schrieb sie, gab sie der Alten und ging, ohne sich verabschiedet zu haben, schleunigst hinaus. Ging hinaus. Ging bis zum Tor. Und plötzlich fällt ihm ein – Himmel noch mal, er hat die Gummischuhe vergessen.

»So eine Pleite für sieben Griwnas«, denkt er. »Jetzt muß ich wieder raufkraxeln.«

Er steigt wiederum die Treppe hinauf. Geht in die Wohnung. Die Tür steht natürlich offen. Und auf einmal sieht er: Da sitzt der verstorbene Wassilij Ledenzow auf dem Tisch und schnürt sich einen Schuh zu. Schnürt sich einen Schuh zu und hat mit der Alten über irgendwas einen Wortwechsel. Und die Alte geht um den Tisch herum und löscht mit dem Finger die Kerzen aus. Tut Spucke an den Finger und löscht die Kerzen aus.

Der Arzt hat sich gar sehr darüber gewundert, wollte vor Schreck aufschreien, beherrschte sich aber und stürzte, wie er war, ohne Gummischuhe davon.

Rannte nach Hause, fiel auf die Chaiselongue und klapperte vor Entsetzen mit den Zähnen. Dann trank er Salmiak-Anistropfen, beruhigte sich und rief die Miliz an.

Und tags darauf klärte die Miliz diese ganze Geschichte auf.

Es stellte sich heraus, daß der Anzeigenvertreter Wassilij Mitrofanowitsch Ledenzow sich dreitausend Rubel Staatsgelder angeeignet hatte. Mit diesem Geld wollte er kurzerhand verduften und ein neues, prächtiges Leben beginnen.

Doch es kam nicht dazu.

Die Gummischuhe gab man dem Arzt etwa drei Monate später nach allen möglichen langen Prozeduren, Erklärungen, Gesuchen und endlosen Laufereien zurück.

Im großen und ganzen kam der Arzt verhältnismäßig günstig davon; außer dem Schrecken und einer Nervenzerrüttung anläßlich der langen Nichtherausgabe der Gummischuhe hatte er keine Unannehmlichkeiten.

Und nachdem er mir diese Geschichte erzählt hatte, setzte der Arzt mit einem Aufseufzen hinzu: »Dreitausend hat dieses Früchtchen gehabt, und für sieben Griwnas wollte es aus dieser Welt verduften, aber die Medizin hat es nicht zugelassen. Da sieht man, wohin die Geldgier die Leute führt.«

Lisa Fitz
I bin traurig

I bin traurig, einfach so,
des, was mein Leben ist, freut mi net so,
i dreh es und wend es,
versuch alle Tricks –
aber i bleib traurig, es nutzt alles nix.

Zerscht hab i gsoffen,
des war so ganz nett,
wenn man besoffen ist,
fallt man in fast jedes Bett.
Des is oft ganz lustig; graucht hab i auch,
aber immer mit am traurigen Gfühl
in meim Bauch.

Dann hab i gfressen, fett bin i worn
und hab meine Maßstäbe völlig verlorn,
in dieser Zeit war es mir wenigstens klar,
warum ich andauernd so traurig war.

Dann hab ich gheirat,
aber auch das hat nix genützt,
weil die Zweisamkeit nicht hinkommt,
wo die Traurigkeit sitzt,
nur mein kleiner Bub,

der, wenn manchmal so lacht,
schafft's, daß er mich a bissl
fröhlicher macht.

Für meinen Zustand gibt's a Wort: Depression.
In den Nervenkliniken kennt man des schon,
da is das normal, man ist einfach krank,
dagegen gibt's heutzutag Pillen, Gott sei Dank.

Ein Mensch, der allaweil traurig is,
stört die anderen, ihre Welt kriegt an Riß,
weil s' durch den Mensch in an Abgrund schaun,
in den sie sich selber so lustig nie traun.

JOHANN PETER HEBEL
Der Zahnarzt

Zwei Tagdiebe, die schon lange miteinander in der Welt herumgezogen, weil sie zum Arbeiten zu träg oder zu ungeschickt waren, kamen doch zuletzt in große Not, weil sie wenig Geld mehr übrig hatten und nicht geschwind wußten, wo nehmen. Da gerieten sie auf folgenden Einfall. Sie bettelten vor einigen Haustüren Brot zusammen, das sie nicht zur Stillung des Hungers genießen, sondern zum Betrug mißbrauchen wollten. Sie kneteten nämlich und drehten aus dem Weichen desselben lauter kleine Kügelein oder Pillen und bestreuten sie mit Wurmmehl aus altem, zerfressenem Holz, damit sie völlig aussahen wie die gelben Arzneipillen. Hierauf kauften sie für ein paar Batzen einige Bogen rotgefärbtes Papier bei dem Buchbinder (denn eine schöne Farbe muß gewöhnlich bei jedem Betrug mithelfen). Das Papier zerschnitten sie alsdann und wickelten die Pillen darein, je sechs bis acht Stück in ein Päcklein. Nun ging der eine voraus in einen Flecken, wo eben Jahrmarkt war, und in den Roten Löwen, wo er viele Gäste anzutreffen hoffte. Er forderte ein Glas Wein, trank aber nicht, sondern saß ganz wehmütig in einem Winkel, hielt die Hand an den Backen, winselte halblaut für sich und kehrte sich unruhig bald so her, bald so hin. Die ehrlichen Landleute und Bürger, die im Wirtshaus waren, bildeten sich wohl ein, daß der arme Mensch ganz entsetzlich Zahnweh haben müsse. Aber was war zu tun? Man bedauerte ihn, man tröstete ihn, daß es schon wieder vergehen werde, trank sein Gläslein fort und machte seine Marktaffären aus. Indessen kam der andere Tagdieb auch nach. Da stellten sich die beiden Schelme, als ob noch keiner den andern in seinem Leben gesehen hätte. Keiner sah den andern an, bis der zweite durch das Winseln des erstern, der im Winkel saß, aufmerksam zu werden schien. »Guter Freund«, sprach er, »Ihr scheint wohl Zahnschmerzen zu haben?« und ging mit großen, aber langsamen Schritten auf ihn zu. »Ich bin der Doktor Schnauzius Rapunzius von Trafalgar«, fuhr er fort. Denn solche fremde, volltönige Namen müssen auch zum Betrug behilflich sein wie die Farben. »Und wenn Ihr meine Zahnpillen gebrauchen wollt«, fuhr er fort, »so soll es mir eine schlechte Kunst sein, Euch mit einer, höchstens zweien von Euren Leiden zu befreien.« — »Das wolle Gott«, erwiderte der andere Halunk. Hierauf zog der saubere Doktor Rapunzius eines von seinen roten Päcklein aus der Tasche und verordnete dem Patienten, ein Kügelein daraus auf den bösen Zahn zu legen und herzhaft darauf zu beißen. Jetzt streckten die Gäste an den andern

Tischen die Köpfe herüber, und einer um den andern kam herbei, um die Wunderkur mit anzusehen. Nun könnt ihr euch vorstellen, was geschah. Auf diese erste Probe wollte zwar der Patient wenig rühmen, vielmehr tat er einen entsetzlichen Schrei. Das gefiel dem Doktor. Der Schmerz, sagte er, sei jetzt gebrochen, und gab ihm geschwind die zweite Pille zu gleichem Gebrauch. Da war nun plötzlich aller Schmerz verschwunden. Der Patient sprang vor Freuden auf, wischte den Angstschweiß von der Stirne weg, obgleich keiner dran war, und tat, als ob er seinem Retter zum Danke etwas Namhaftes in die Hand drückte. – Der Streich war schlau angelegt und tat seine Wirkung. Denn jeder Anwesende wollte nun auch von diesen vortrefflichen Pillen haben. Der Doktor bot das Päcklein für 24 Kreuzer, und in wenig Minuten waren alle verkauft. Natürlich gingen jetzt die zwei Schelmen wieder einer nach dem andern weiters, lachten, als sie wieder zusammenkamen, über die Einfalt dieser Leute und ließen sich's wohl sein von ihrem Geld.

Das war teures Brot. So wenig für 24 Kreuzer bekam man noch in keiner Hungersnot. Aber der Geldverlust war nicht einmal das Schlimmste. Denn die Weichbrotkügelein wurden natürlicherweise mit der Zeit steinhart. Wenn nun so ein armer Betrogener nach Jahr und Tag Zahnweh bekam und in gutem Vertrauen mit dem kranken

Zahn einmal und zweimal darauf biß, da denke man an den entsetzlichen Schmerz, den er, statt geheilt zu werden, sich selbst für 24 Kreuzer aus der eigenen Tasche machte. Daraus ist also zu lernen, wie leicht man kann betrogen werden, wenn man den Vorspiegelungen jedes hergelaufenen Landstreichers traut, den man zum erstenmal in seinem Leben sieht und vorher nie und nachher nimmer; und mancher, der dieses liest, wird vielleicht denken: »So einfältig bin ich zu meinem Schaden auch schon gewesen.« Merke: Wer so etwas kann, weiß an andern Orten Geld zu verdienen, läuft nicht auf den Dörfern und Jahrmärkten herum mit Löchern im Strumpf oder mit einer weißen Schnalle am rechten Schuh und am linken mit einer gelben.

Eugen Roth
Apotheker

Ein Glück, daß wir der Medizinen
Nicht völlig gratis uns bedienen,
Nein, daß das Schicksal, mild und weise,
Schuf hohe Apothekerpreise.
Nicht immer ist ein Arzt dein Retter,
So er dein Schwager oder Vetter
Und ringsum an beherzte Huster
Umsonst verteilt die Ärztemuster.
Im Kostenlosen liegt ein Reiz:
Man frißts hinein aus purem Geiz.
Ja, würden nach gehabten Proben
Die Leute wenigstens noch loben!
Doch sagen sie, es sei ein Dreck
Und habe alles keinen Zweck!
Der hohe Preis als höherer Wille
Schlägt ab den Sturm auf die Pastille.
Denn noch ein jeder hat bedacht sich,
Wenns heißt: »Macht fünf Mark dreiundachtzig.«
Es lobt darum ein weiser Seher
Der Säftleinmischer, Pillendreher
Uraltes, heiliges Geschlecht,
Das zwar nicht billig – aber recht!

✴✴✴

Ein Kleingärtner sammelt vor der Reitschule Pferdeäpfel. »Was machen Sie denn mit dem Mist?« fragt Helga. »Der kommt über die Erdbeeren!« – »Na, denn man guten Appetit! Wir streuen lieber Zucker drüber!«

***

»Meinst du es auch ernst mit der Schlankheitskur?« fragt der besorgte Ehemann. »Und ob, ich lese in der Zeitung nicht einmal mehr das Fettgedruckte!«

***

»Die Kirche gibt es nun schon seit fast 2000 Jahren«, sagt der Mann, »aber die Menschheit ist dadurch auch nicht besser geworden.« – »Seit Milliarden von Jahren gibt es Wasser auf der Erde«, antwortet der Pfarrer, »und nun sehen Sie sich mal Ihren Hals an!«

***

Eine Klosterschwester geht mit einem Kinderwagen spazieren und trifft einen alten Bekannten. Fragt er: »Ein Klostergeheimnis?« – »Nein«, sagt sie. »Ein Kardinalfehler.«

✴✴✴

★★★★★★★★★★★★★★★★★★★★★★★★★★★★★★★★★★★★

»Wo hast du denn deine Armbanduhr gelassen?« – »Ach, die geht immer vor, die ist sicherlich schon zu Hause.«

★★★

»Was kannst du mir von der Wirbelsäule sagen, Adolf?« – »Die Wirbelsäule ist eine wellenförmige Linie. Oben sitzt der Kopf, und unten sitze ich.«

★★★

»Diese Gleisarbeiter sind doch stinkfaul«, meint Uwe, »jedesmal wenn ich hier vorbeifahre, stehen sie an der Seite und arbeiten nichts!«

★★★

Der Personalchef erklärt dem neuen Abteilungsleiter die Umgangsformen der Firma: »Der Chef macht manchmal Witze. Lautes Lachen hält er für plumpe Vertraulichkeit, stilles Lächeln für Arroganz und völliges Ernstbleiben für ein Zeichen von Dummheit. Richten Sie sich danach!«

★★★

»Möchten Sie gerne Rotwein oder Weißwein?« – »Spielt keine Rolle. Ich bin farbenblind.«

★★★★★★★★★★★★★★★★★★★★★★★★★★★★★★★★★★★★

Hans Scheibner
Die Eumeniden von Ohlsdorf

Angefangen hat alles vor über zwei Jahren. Damals waren Anni und Else, die beiden alten Damen aus Eimsbüttel, Nachbarinnen seit dreißig Jahren, zusammen auf dem Ohlsdorfer Friedhof gewesen, um ihre Männer zu besuchen – genauer gesagt: die Gräber ihrer Männer. Anschließend waren sie dann noch etwas spazierengegangen, und Else hatte noch gesagt: »Ohlsdorf ist eigentlich der schönste Park in Hamburg – wenn man sich die vielen Toten mal wegdenkt.«

Dann war plötzlich der große Regen gekommen. Es goß wie aus Eimern. Wo sollten Anni und Else so schnell hin? Also rüber zur Kapelle 12. Sie wollten sich doch bloß unterstellen. Aber da empfing sie schon der schwarzgekleidete Mann mit dem traurigen Gesicht. »Schnell, schnell«, sagte er, »es hat grad angefangen.« Ehe sie sich versahen, saßen Anni und Else unter den trauernden Angehörigen in der Kapelle. Es war eine große Beerdigung.

Sie hörten die schöne Predigt des Pastors, hörten Musik von Bach – und drückten beim Rausgehen der Witwe und den Töchtern zum Beileid die Hände. Es kam einfach so. »Sie kommen doch noch mit?« fragte die Witwe.

Und so saßen Anni und Else plötzlich mitten unter den anderen Gästen bei der Trauermahlzeit im Restaurant.

»Ich hab' Angst«, flüsterte Else. »Ach was«, sagte Anni, »ich hab' einen furchtbaren Hunger.« Zwar kamen hin und wieder noch fragende Blicke von den Verwandten zu ihnen herüber – aber das war schnell geklärt. »Wir kennen den Verstorbenen noch aus der Schulzeit«, sagte Anni zu ihrer Nachbarin. »Schön, daß Sie gekommen sind«, erwiderte die.

Damit hätte die Geschichte eigentlich zu Ende sein können. Aber Anni – sie hatte ja schon immer den Schalk im Nacken –, Anni wollte nach der Trauerfeier unbedingt noch mal auf den Friedhof, um sich mit Else richtig auszukichern.

»Irgendwie fand ich es sogar schön«, sagte Else, »einen fremden Menschen zu betrauern. Wir sind doch alle Fremde, wenn man es recht bedenkt.«

»Else«, sagte Anni, »jetzt müssen wir uns noch Kaffee und Kuchen verdienen.«

Else hatte stärkste Bedenken – aber dann saßen die beiden plötzlich in Kapelle 10. Else mußte wirklich weinen über das harte Schicksal der Mutter mit drei Kindern, die hier von uns gegangen war. Die Beerdigung war nicht so groß wie die vom Vormittag. An der Kaffeetafel mußten Else und Anni schon etwas geschickter sein. Aber erstens hatten sie inzwischen schon etwas gelernt

(»Wir waren zusammen im Luftschutzkeller«), und außerdem mußte Else sowieso immer weinen, so daß die Tischnachbarin ihr sogar tröstend über den Kopf strich.

Seither haben Anni und Else schon an die zweihundert Beerdigungen besucht. Aber man muß Else glauben, wenn sie sagt: »Es ist wirklich nicht nur wegen des Essens. Ich geb' ja zu: Ich hab' schon allerhand Rente gespart. Aber das Wichtigste ist doch das Menschliche. Und daß es so schön traurig ist.«

Anni dagegen sagt: »Ein paar Pastoren kennen uns schon. Aber die verraten uns nicht. Sonst verraten wir nämlich, wie oft sie wörtlich dieselbe Predigt auf verschiedenen Beerdigungen halten.«

Auf mancher Beerdigung sind Anni und Else sogar die einzigen Trauergäste. Da freut sich der Hinterbliebene, daß überhaupt jemand gekommen ist.

Für mich sind Anni und Else die Eumeniden von Ohlsdorf. Sie wissen doch: Das sind die milde gewordenen Rachegöttinnen, die Wohlwollenden, die den Verblichenen über den Styx in die Unterwelt begleiten. Auf manchen meiner guten Freunde würde ich bei meiner eigenen Beerdigung mit Freuden verzichten. Aber Anni und Else sind herzlich eingeladen.

Ludwig Thoma
Der Münchner im Himmel

Alois Hingerl, Nr. 172, Dienstmann in München, besorgte einen Auftrag mit solcher Hast, daß er vom Schlage gerührt zu Boden fiel und starb.

Zwei Engel zogen ihn mit vieler Mühe in den Himmel, wo er von St. Petrus aufgenommen wurde. Der Apostel gab ihm eine Harfe und machte ihn mit der himmlischen Hausordnung bekannt. Von acht Uhr früh bis zwölf Uhr mittags »frohlocken«, und von zwölf Uhr mittags bis acht Uhr abends »Hosianna singen«. – »Ja, wann kriagt ma nacha was z'trink'n?« fragte Alois. – »Sie werden Ihr Manna schon bekommen«, sagte Petrus.

»Auweh!« dachte der neue Engel Aloisius, »dös werd schö fad!« In diesem Momente sah er einen roten Radler, und der alte Zorn erwachte in ihm. »Du Lausbua, du mistiga!« schrie er, »kemmt's ös do rauf aa?« Und er versetzte ihm einige Hiebe mit dem ärarischen Himmelsinstrument.

Dann setzte er sich aber, wie es ihm befohlen war, auf eine Wolke und begann zu frohlocken: »Ha–lä–lä–lä–lu–u–hu–hiah!« ...

Ein ganz vergeistigter Heiliger schwebte an ihm vorüber. – »Sie! Herr Nachbar! Herr Nachbar!« schrie Aloisius, »hamm Sie vielleicht an Schmaizla bei Eahna?« Dieser lispelte nur »Hosianna!« und flog weiter.

»Ja, was is denn dös für a Hanswurscht?« rief Aloisius. »Nacha hamm S' halt koan Schmaizla, Sie Engel, Sie boaniga! Sie ausg'schamta!« Dann fing er wieder sehr zornig zu singen an: »Ha–ha–lä–lä–lu–u–uh – – Himmi – Herrgott – Erdäpfi – Saggerament – – lu–uuu–iah!«

Er schrie so, daß der liebe Gott von seinem Mittagsschlafe erwachte und ganz erstaunt fragte: »Was ist denn da für ein Lümmel heroben?«

Sogleich ließ er Petrus kommen und stellte ihn zur Rede. »Horchen Sie doch!« sagte er. Sie hörten wieder den Aloisius singen: »Ha – aaaaah – läh – – Himmi – Himmi – Herrgott – Saggerament – uuuuuh –iah!«...

Petrus führte sogleich den Alois Hingerl vor den lieben Gott, und dieser sprach: »Aha! Ein Münchner! Nu natürlich! Ja, sagen Sie einmal, warum plärren denn Sie so unanständig?«

Alois war aber recht ungnädig, und er war einmal im Schimpfen drin. »Ja, was glaab'n denn Sie?« sagte er. »Weil Sie der liabe Good san, müaßt i singa, wia 'r a Zeiserl, an ganz'n Tag, und z'trinka kriagat ma gar nix! A Manna, hat der ander g'sagt, kriag i! A Manna! Da balst ma net gehst mit dein Manna! Überhaupts sing i nimma!«

»Petrus«, sagte der liebe Gott, »mit dem können wir da heroben nichts anfangen, für den habe ich eine andere Aufgabe. Er muß meine göttlichen Ratschlüsse der bayrischen Regierung überbringen; da kommt er jede Woche ein paarmal nach München.«

Des war Aloisius sehr froh. Und er bekam auch gleich einen Ratschluß für den Kultusminister Wehner zu besorgen und flog ab.

Allein, nach seiner alten Gewohnheit ging er mit dem Brief zuerst ins Hofbräuhaus, wo er noch sitzt. Herr von Wehner wartet heute noch vergeblich auf die göttliche Eingebung.

Erma Bombeck
Es geht wieder aufwärts

Für eine eingefleischte Schwarzseherin wie mich sind manche Tage noch schwerer zu überstehen als die anderen.

Ich bin stolz darauf, mit einer Reihe von Dingen ganz gut fertig zu werden: mit Verletzungen, Naturkatastrophen, tiefen Depressionen, Unglücksfällen, Strapazen, Unbequemlichkeiten. Und wenn im Supermarkt knusprige Brathähnchen im Sonderangebot ausverkauft sind, stelle ich mich völlig auf etwas anderes ein.

Ich glaube aber, die letzte Woche hätte nicht einmal ein professioneller Pessimist überstanden.

Es fing damit an, daß montags alle Kinder vollständig angezogen in die Küche strömten.

Ich stand da, in der Hand das Bügeleisen (das mit dem fünfzehn Meter langen Kabel), und fragte: »Will jemand noch was geplättet haben, ehe er zur Schule fährt?«

Keiner rührte sich.

Mein Wagen, der eine neue Batterie bekommen hatte, startete tatsächlich sofort. Ich fand einen Parkplatz direkt vorm Eingang des Supermarktes. Ich bekam einen Einkaufskarren mit vier heilen Rädern, die alle gleichzeitig in die gleiche Richtung fuhren, und in der Lebensmittelabteilung fand ich etwas Brauchbares im Sonderangebot. Abends sah die wunderschöne Ansagerin im Fernsehen so aus, als hätte sie ein bißchen zugelegt, und was es bei mir zum Abendessen gab, hatte keines meiner Familienmitglieder bereits mittags irgendwo zu sich genommen.

Dies alles machte mich schon einigermaßen nervös, aber ich sagte mir, daß sich das am nächsten Tag schon wieder auspendeln würde.

Von wegen! In der Leihbibliothek waren alle vier Bücher, die ich verfaßt habe, ausgeliehen. Ich nahm ein Bad, und das Telefon klingelte *nicht*. Ich nähte einen Saum, und die Fadenspule lief *nicht* sechs Zentimeter vor dem Ende aus. Als ich ins Bett ging, dachte ich mir: Morgen wird alles schlimmer, denn besser kann es nicht mehr werden.

Am Mittwoch lief ich hinter einem Autobus her und erwischte ihn noch. Der Zahnarzt teilte mir mit, ich hätte keine Löcher in den Zähnen. Das Telefon klingelte zwar, als ich gerade heimkam, aber obwohl mir der Schlüssel ein paarmal hinunterfiel, hatte doch der Anrufer noch nicht eingehängt, als ich den Hörer abnahm. Die Kosmetikvertreterin sagte, von ihren Artikeln brauchte ich nichts, ich hätte ja so fabelhafte Haut. Und als mich mein Mann fragte, was ich denn den ganzen Tag getrieben hätte, konnte ich ihm antworten, ohne von irgend jemandem unterbrochen zu werden.

Am Donnerstag war ich ein Nervenbündel und wartete zitternd auf das, was mir bevorstand. Es traf nicht ein. Meine Tochter sagte mir, meine weißen Söckchen sähen mit den Keilabsatzschuhen nett aus. Das Scheckbuch stimmte mit dem Kontostand überein. Keiner naschte irgendwo und verdarb sich den Appetit für mein Abendessen, und eine Filmvorführung in der Schule ›Die Geschichte des Schwefels‹ fiel aus.

Am Freitag schluchzte ich in ein Geschirrtuch, und mein Mann suchte mich zu trösten. »Ich kann nichts dafür«, weinte ich, »so gut *darf* nicht alles laufen. Ich mache mir die schrecklichsten Sorgen.«

»Aber, aber«, sagte er und klopfte mir auf die Schulter, »es muß doch nicht immer alles schiefgehen. Wir wüßten ja die schlechten Zeiten gar nicht zu schätzen, wenn wir nicht manchmal einen guten Tag dazwischen hätten.«

»Ich weiß, für mich wird Fürchterliches nachkommen«, sagte ich. »Kannst du dir vorstellen, daß ich gestern ins Zimmer der Jungen gegangen bin und die Betten waren gemacht?« (Er runzelte besorgt die Stirn.) »Und daß ein Brief vom Finanzamt gekommen ist, in dem sie sich entschuldigen, daß sie mit den Rückzahlungen an uns so spät dran sind? All das paßt doch überhaupt nicht zu uns«, wimmerte ich. »Mit schlechten Zeiten kann ich einigermaßen umgehen. Es sind die guten, die mich auf die Palme treiben. Wann fällt denn endlich der andere Stiefel?«

In diesem Augenblick hörten wir einen Wagen zur Garage einbiegen und dann das widerliche scharrende Geräusch, das ein Schutzblech macht, wenn es mit einer unbeweglichen Mauer in Berührung kommt.

Wir sahen uns an und lächelten. Es ging wieder aufwärts.

★★★

Die Erforschung der Krankheiten hat so große Fortschritte gemacht, daß es immer schwerer wird, einen Menschen zu finden, der völlig gesund ist.

Aldous Huxley

Eugen Roth
Seltsam genug

Ein Mensch erlebt den krassen Fall,
Es menschelt deutlich, überall –
Und trotzdem merkt man, weit und breit
Oft nicht die Spur von Menschlichkeit.

Roda Roda
Großmutter reitet

Vor vielen, vielen Jahren, ich war ein Knabe, war mein Vater Gutsverwalter im südlichsten Ungarn. Genauer: in Kroatien. Das Gut gehörte dem Grafen Jasztremski. Der Graf starb und hinterließ zwei Söhne, Carlo und Adolar, achtzehn und einundzwanzig. Ihr Vormund: mein Vater.

Die jungen Grafen hatten einen Freund, der war österreichisch-ungarischer Konsul in Bangkok; er lud die Grafen zur Tigerjagd nach Siam. Mein Vater war dagegen – was konnte er aber viel tun? Er mahnte die jungen Herren, sparsam zu sein, vorsichtig, bescheiden – und immer wieder sparsam. – Die jungen Herren rüsteten sich aus und fuhren los.

Sie schrieben, wie glänzend sie seien aufgenommen worden – wie schön das Leben in den Tropen sei und wie interessant, besonders die Jagd auf Büffel, Hirsche, Schwarzwild. Jeder Brief schilderte neue Ehrungen und Freuden – bis die Nachrichten allmählich versickerten – die jungen Grafen schienen vor lauter Erlebnissen gar keine Zeit mehr zu finden zum Briefschreiben. Mein Vater wurde sehr besorgt.

Ohne rechten Grund, wie sich bald zeigte. Eines Tags kam ein Telegramm, das kündigte die glückliche Heimkehr der Grafen an; und bewies, wie beliebt sich Carlo und Adolar dort mußten gemacht haben: Seine Majestät der König von Siam, Chulalonkorn, hatte ihnen zum Abschied einen Elefanten geschenkt: Mein Vater sollte einen Stall für ihn vorbereiten.

Vielleicht täuscht mich das Erinnerungsbild – Kinder haben ja ein anderes Augenmaß als Erwachsene –, ich meine aber, niemals später einen mächtigeren Elefanten gesehen zu haben als diesen Chakkri. Vater hatte das Untergelaß der Maisdarre als Gehege für ihn vorbereitet – lächerlich; viel, viel zu klein; das Flugdach des Schafeingangs reichte gerade noch aus. Ein Wärter, Malaie, war mitgekommen, man nannte ihn Ma-uh; es erwies sich aber später, daß Ma-uh gar nicht sein Name war – Ma-uh bedeutet eben: Elefantenwärter. Ma-uh war recht alt, klein von Wuchs und sehr brummig – wahrscheinlich, weil er hier mit niemandem reden konnte. Er hat auch später kein Wort Deutsch oder Kroatisch erlernt – er säbelte nur sonderbar runde Gebärden, die drückten bildhaft seine Wünsche, Befehle aus, nebenher aber auch tiefe Verachtung für uns alle und alles – von den jungen Grafen angefangen bis zu den Stallburschen, die man Ma-uh zur Bedienung beigegeben hatte – bis zu den Brathühnern und Forellen, die man Ma-uh zu essen gab.

Es war Hochsommer, die Schafe auf der Weide, der Einfang leer. Vater ließ ihn sorgfältig reinigen und auf Ma-uhs Weisung inmitten des Raums einen derben Eichenklotz eingraben – daran stand bei Nacht, mit den Vorderbeinen gefesselt, majestätisch der Elefant – ungeheures Standbild auf vier Säulen. Die Zähne – Erzengels Schwerter. Er stand die ganze Nacht, er schlief auch im Stehen. Bei Tage durfte er umherspazieren und sich vergnügen. Und er vergnügte sich; war immer wohlgelaunt. Seine Augen, im riesigen Kopf so klug und klein, schienen fröhlich, jungenhaft zu zwinkern. Neben dem Einfang, in einer winzigen Box, stand ein Wollknäuel von Eselsfohlen, das mußte zu Hause bleiben, während seine Mutter draußen bei den Schafen war, denn das Fohlen sollte abgespennt werden. Der große Chakkri hatte das winzige Eselchen sogleich entdeckt, langte mit dem Rüssel übers Gatter und holte sich das Eselchen. Das Eselchen schrie nach seiner Mutter. Man weiß, wie gellend Esel schreien können: wie Löwen. Chakkri schrie mit. Aus Jux? Oder sehnte er sich nach seiner Heimat? Sie schrien im schönen Verein, abwechselnd – das putzige Eselchen, der indische Koloß, man hörte es bis in die nächsten Dörfer.

Und, besonders an Feiertagen, strömten die Bauern mit Kind und Kegel meilenweit her, um den Elefanten zu bewundern. Fehlte nicht viel, und man hätte Jahrmarktbuden bei uns aufgestellt für die zahllosen Gäste.

Mein Vater war keineswegs entzückt von dem Koloß. Schon die Reise mit Schiff und Eisenbahn hierher hatte einen Haufen Banknoten verschlungen. Nun die Verpflegung: Der Elefant fraß täglich zwei Metzen Frucht, geschrotet – Gerste, Hafer, Bohnen –, mit sichtbarer Genießerlust aber grünen Mais; den konnte er gar nicht sattbekommen. Am schwersten war, Wasser genug für Chakkri anzuschaffen, denn er wollte immerzu planschen und baden. Die Brunnen auf dem Hof gaben nicht genug her; zwei Karren waren früh und spät unterwegs mit Tonnen Wasser aus den nächsten Bächen.

Für den Winter würde man ein eigenes Gebäude errichten müsen. Es ging gewaltig ins Geld. Und wozu der schwere Aufwand? Mein Vater rechnete den jungen Grafen grollend die Ausgaben vor. Die Grafen zappelten verlegen: der Elefant stelle doch eine mächtige Arbeitskraft dar. Gewiß, er zog einmal, als sechs Joch Ochsen sich vergebens bemüht hatten, das Lokomobil der Dreschgarnitur mit einem Ruck aus dem Dreck. Was weiter? Wär der Elefant nicht gewesen, hätte man eben zwölf Joch Ochsen vorgespannt.

Die jungen Grafen hatten nichts zu lachen. Man lachte auf ihre Kosten. Ganze Bezirke, das Land amüsierte sich höchlichst über sie.

Bis eines Abends ...
Doch das will des breitern erzählt sein.

Dortzulande beginnt die Hühnerjagd schon am ersten August – Jasztremskis hatten, was da kreucht, zu sich geladen –, und das ist selbstverständlich, man redete vom Elefanten, nur von ihm. Man neckte und hechelte die jungen Grafen bis in die Nieren. Jasztremskis wieder wurden nicht müde, ihr Tier zu rühmen, wie nützlich es sei, stark, verständig, ja weise, wie gütig, ausdauernd, geschwind ...

»Haha – geschwind! Der dicke Faulpelz!«

Da aber stiegen die Brüder Jasztremski in Saft. Sie wetten, sagten sie, wetteten um jedes Geld – ein-, zwei-, dreitausend Gulden –, sie brächten täglich acht Meilen hinter sich auf ihrem Elefanten, sogar zehn – drei Tage nacheinander. – Dreißig Meilen sind ein groß Stück Wegs, über zweihundertzwanzig Kilometer.

Die Gesellschaft hatte nicht wenig getrunken und war groß in Laune.

»In drei Tagen dreißig Meilen – erzähl das deiner Großmutter! Laß deine Großmutter auf dem Elefanten reiten!«

Schön, antworteten die Jasztremski, die Wette stehe, ihre Großmutter werde es schaffen. Nicht ein Mann – ihrer gleich drei wetteten dagegen; jeder um dreitausend Gulden: Thomas Erdödy, Fran Pongrácz, Thomas Kulmer.

Mein Vater hörte es und schwitzte kalt und heiß.

Wer es völlig kühl anhörte, war Großmutter.

Großmutter Jasztremski, damals fünfundsiebzig, zart und wunderschön, lebte still im Landhaus Duboka, Gartentrakt – man bekam sie die Woche über kaum zu sehen. Sonntags ging sie zur Kirche, eingehängt in Zilli, eine dicke Bäuerin. Diese Zilli war Großmutters Zofe und Leibarzt zugleich. Die alte Dame war nämlich sehr besorgt um ihre Gesundheit, hauptsächlich um ihren Teint, dokterte unaufhörlich an sich – Zilli hatte früh und spät Kräuter zu sammeln zu Großmutters Pflege.

In ihrer Jugend – oh, da war Großmutter nicht etwa einfach geritten, das kann bald jemand; sondern berühmt auf dem ganzen Kontinent war sie gewesen, Siegerin im ersten großen Concours hippique zu Petersburg – da bekamen sie und Arthur Pongrácz als einzige goldene Medaillen und den Preis des Zaren –, und man sagte damals: sie hätte Pongrácz, wenn es möglich gewesen wäre, noch übertroffen an Schneid, Eleganz, Sicherheit in Sitz und Führung.

Als die beiden Enkel zu ihr kamen mit dem Ansinnen, sie solle dreißig Meilen auf dem Elefanten reiten – da besann sich Großmutter keineswegs, ob sie es tun sollte, versuchen wird sie es, wo es sich um eine Wette handelt, selbstverständlich. Sie war nur besorgt, ob sie den Trab werde aussitzen müssen – das ginge, meinte sie, vielleicht über ihre Kräfte –, sie würde Englischtraben, Leichtreiten vorziehen. Und Zilli rief: sie komme mit, selbstverständlich – denn Frau Gräfin muß jeden Morgen, jeden Abend ihre Gesichtskompressen haben, und die Kompressen zu legen, wie die Frau Gräfin es verlangt, verstehe keine andre, die Fau Gräfin sei darin sehr genau.

Man kündigte Ma-uh das Vorhaben an, durch Gebärden – er äußerte Bedenken, wiederum durch Gebärden; wies auf die Sohlen des Elefanten, wie empfindlich sie seien, und stampfte auf den Boden – der wieder ist so hart.

Da hatte mein Vater einen trefflichen Einfall. Warum den Elefanten nicht auf den Marsch vorbereiten, wie es die Bauern mit ihren Truthühnern tun, wenn sie diese zu Markt in die Stadt treiben? Vater zeigte es dem Ma-uh; ließ einen Streifen Wegs mit Teer beschmieren und die Truthühner darüberjagen; dann mußten die Truthühner mit ihren geteerten Füßen über Sand. Der Sand klebte sich an den Teer – die Truthühner hatten nun kleine graue Stiefelchen an von Sand und Teer. Richtig, nickte Ma-uh, so wird man's machen. Und er machte es so; als der Elefant am zweiten August abends im Mondschein gesattelt bereitstand zur großen Reise, da hatte er artige graue Schuhe an aus Sand und Teer.

Um das Aufsehen nach Möglichkeit zu dämpfen, sollte Großmutter bei Nacht reiten.

Majestätischer als je, langsam und würdig, tauchte aus seinem Schafeinfang der Elefant auf; er hatte den Rüssel vor sich erhoben und schnaubte. Sollte es Ungunst bedeuten? Auf dem Rücken trug der Elefant eine große Decke aus geflochtenem Bast, einen Gürtel darüber um den Bauch, und auf der Decke den Sattel; der sah aus wie zwei aneinandergekoppelte Strandkörbe. Von ihnen wieder gingen Seile aus rund um die Brust des Elefanten und rund um die Schwanzwurzel. Und eine kleine Leiter hing an der Seite. Hoch, breitbeinig auf dem Genick des Elefanten saß königlich Ma-uh, hielt in der Rechten ein Szepter mit eisernem Haken und eine derbe Geißel.

Heerlager von Menschen warteten auf das Schauspiel – Bauern, Knechte, Hirten, Weib und Kinder; die Jasztremskischen Heger hatten alle Mühe, das Volk abzudrängen, Platz für die Herrschaften freizuhalten. Die meisten wollten mit; allvoran natürlich Jasztremskis Wettgegner – Erdödy, Pongrácz, Kulmer.

Großmama kam erst im letzten Augenblick, mit Zilli. Sie hatte ein Reitkleid angelegt aus Jugendtagen, dazu, gegen die Nachtkühle, ein Kapotthütchen. Vater wollte ihr Mut zusprechen – sie unterbrach ihn sogleich recht mürrisch: sie brauche keine Ermahnung, Mut habe sie selbst – seine Ermahnung hätte Vater lieber an die jungen Grafen richten sollen, als sie die blödsinnige Wette eingingen.

Thomas Erdödy verbeugte sich, küßte ihr die Hand und beteuerte im Namen aller drei, die da im Spiel standen: sie hätten es nur in Weinlaune getan und wollten gern von der Wette zurücktreten, um Großmama die Schinderei zu ersparen. Großmutter knurrte: »Davon kann keine Rede sein. Gewettet ist gewettet – schenken laß ich mir nichts.« Und zum Ma-uh: »Kutscher! Vorwärts!«

Der Ma-uh sprach ein Wort – langsam sank der Elefant in die Knie, langsam schob er die Hinterbeine unter sich und lag. Der Ma-uh glitt über den Stoßzahn ab und lehnte die Leiter an den Sattel. Großmutter kletterte empor; Zilli schlug ein Kreuz und folgte ihr. Der Ma-uh nahm seinen Sitz ein – der Elefant hob sein Heck und richtete sich heftig wankend auch vorn auf. Großmuter war sichtlich erschrocken. Doch schon winkte sie freundlich, ein wenig stolz der Menge zu: »Auf Wiedersehen!«

Auch so, bei Nacht, revoltierte Großmutters Ritt die Dörfer. Das Gerücht war Großmutter vorangeeilt – die Bauern, statt zu schlafen, wallten ihr in Scharen entgegen; tausend Hunde sprangen heulend aus den Gehöften, führten ein Höllenkonzert auf um den Elefanten, um den Pilgerzug von Herrschaftskutschen, der an ihm hing.

Doch unbeirrt, mit vorgestrecktem Rüssel

schritt seines Wegs der Elefant. Der Rüssel, wie ein Fühler, prüfte pendelnd die Straße. Chakkri brauchte niemandem auszuweichen, denn wo sich etwa ein Fuhrwerk zeigte – schon von weitem scheuten die Pferde, wendeten auf den Hinterstollen und stoben von dannen.

Am Morgen langte der Elefant in Virje an. Ein Schuppen war für ihn geräumt, Futter lag da. Für Großmama und Zilli hatte Vater Zimmer im Gasthof bereiten lassen. Alles klappte, der Elefant ließ sich sein Futter schmecken. Großmutter hatte das erste Stück des Rennens gut überstanden. Gott sei Dank!

Und am Abend ging es weiter – in einem Zug bis Kreutz.

Da aber war alles zum Erbarmen müde: Großmutter, der Elefant –, als müdeste aber gebärdete sich die arme Zilli; sie war den ganzen Tag über seekrank gewesen.

Wiederum sagte Erdödy: »Großmutter, geben Sie doch die Sache auf – die drei Herren verzichten gern.«

»Nein«, entschied Großmutter hart. »Zilli soll es nur lernen!«

»Gräfin! Was braucht eine kroatische Dienstmagd von Sechzig das Reiten auf Elefanten zu lernen?«

»Es kann ihr einmal zugute kommen. Mir ist auch nicht an der Wiege gesungen worden, daß ich einmal werde Elefanten zu reiten haben. Und mit fünfundsiebzig hab ich's müssen.«

Es bleibt also dabei, die Wette wird ausgetragen. Nur wird Großmutter volle zwanzig Stunden rasten und den letzten Teil bei Tag vollstrecken. Das war meinem Vater ganz recht, wenigstens kommt die Kavalkade spät in Zagreb an, der Rummel ist dann nicht so arg.

Oh, es wurde noch ärger. Denn nun, ermattet und verdrossen vom Trab zweier Tage, ließ der Elefant all seine Tücken und Nücken spielen.

Er hatte offenbar nicht den rechten, sportlichen Ehrgeiz. Gleich im Weichbild von Kreutz, es war erst neun Uhr früh und doch schon recht heiß, da blieb der Elefant plötzlich stehen, hob sein linkes Hinterbein, wandte den mächtigen Schädel nach links und begann mit Rüssel und Stoßzähnen angelegentlich sein Hinterbein zu kratzen. Großmutter und Zilli wurden oben im Sattel durcheinandergerüttelt, daß Gott erbarm. Der Ma-uh tobte; geißelte drauflos, hackte mit seinem Szepter auf Chakkris Stirn ein – der Elefant kratzte sich. Großmutter und Zilli vermengten sich zu einem Strauß welker Gliedmaßen. Dann schritt der Elefant langsam an den Straßenrand, umfaßte mit dem Rüssel eine zwei Mann hohe Pappel, rupfte sie mühelos aus und scheuchte sich damit Viehbremsen vom Leib, die sich da auf ihm angesammelt hatten. Das Spiel mit der Pappel schien ihm

Spaß zu machen; er jonglierte mit ihr, warf sie hoch und fing sie wieder auf – gelegentlich schlug er damit dem Ma-uh eins auf den Kopf und ... traf die jaulenden Frauen.

Und setzte plötzlich seinen Trab fort, als wäre nichts geschehen.

Wiederum hatte die Kunde vom Elefantenritt uns weit überholt. Ein Gutsbesitzer aus der Gegend vor uns kam uns auf schäumendem Pferd entgegengeritten: »Nehmt euch in acht! Die Bauern von Drenovo haben sich erhoben, wollen euch nicht durchlassen. Sie sagen, ihr mit eurem Frevelmut habt den Himmel erzürnt, seid schuld an der Dürre.« – Guter Rat ist teuer; denn gegen ein Dorf Bauern mit Heugabeln und Sensen können die paar Herren und Kutscher nicht an, die unseren Zug begleiten – mögen sie ihre Reitgerten und Peitschen noch so krampfhaft umkrallen.

Es kam ganz anders. Dicht vor Drenovo schlängelt sich ein kleiner Fluß, darüber führt ein Holzbrückchen von lockeren Bohlen. Als der Elefant das Brückchen betreten sollte, stutzte er; dehnte den Rüssel und tastete die Bohlen ab. Schüttelte das Haupt, jawohl, er schüttelte es – und statt über die klapprige Brücke zu gehen, wandte er sich von der Straße ab ins Maisfeld. Grüner Mais – seine Leibspeise; er ließ sie sich trefflich munden. Der Ma-uh, so erbittert er war, ließ ihn gewähren. Als sich der Elefant erst nach Gefallen gütlich getan hatte, rutschte er willig – kunstvoll, vorsichtig neben der Brücke in den Fluß, um durchzufurten; stand bald bis an den Bauch im Wasser; der Mittag war so heiß, das Wasser angenehm kühl; der Elefant blieb ein wenig stehen, pumpte Wasser mit dem Rüssel auf und bespritzte sich die Flanken; sog wiederum Wasser und letzte sich die Brust; sog abermals und dachte sich: »Auch den armen Frauen da oben wird eine Dusche willkommen sein« – und richtete den Strahl auf sie. Großmutters Kapotthütchen schwamm davon, mußte mit einiger Gefahr geangelt werden. Dann schob der Elefant die Beine unter sich, knickte in die Knie und legte sich in den Fluß. – Großmutter verlangte nach ihrem Riechsalz – doch Zilli konnte es ihr nicht reichen, sie war ohnmächtig.

Da aber – da ließ es der Ma-uh nicht mehr bei Geißel und Szepter bewenden; den Dolch stieß er dem Elefanten in die empfindlichste Stelle, die Ohrwurzel.

Gepeinigt, erzürnt schnellte Chakkri empor, jagte im Galopp davon – jagte, daß buchstäblich die Funken stoben. Die Bauern von Drenovo standen drohend bereit mit Sensen und Mistgabeln; stoben zurück, und der Elefant ließ sie hinter sich.

Wohl eine halbe Stunde lang galoppierte Chakkri; fiel dann keuchend in Trab.

Um acht Uhr abends zog er durch eine unübersehbare Menschenmenge, bei brausenden Hochrufen, unter einem Blumenregen in Zagreb ein, am Ziel.

Großmutter verlangte zu baden. Zilli, am Ende ihrer Kräfte, konnte sie eben noch bedienen. Dann legten sich die Frauen schlafen.

»Aber, wie ist das, meine Herren?« sagte Thomas Erdödy – er hatte sich über die Landkarte gebeugt. »Bis Virje – elf Meilen – gut. Bis Kreutz über zwanzig – ausgezeichnet. Aber heute haben wir zehneinhalb gemacht – das sind zusammen neunundzwanzigdreiviertel Meilen, nicht dreißig. Eine Viertelmeile fehlt noch.«

Die Brüder Jasztremski blickten einander an, und Carlo erwiderte: »Fällt mir nicht ein, die alte Dame noch einmal zu wecken. Wir haben eine Wette verloren – basta!«

Erdödy darauf: »Und wenn ihr meint, wir wecken die arme Großmutter, irrt ihr euch. Neunundzwanzigdreiviertel oder dreißig, das ist ganz wurscht – ihr Jasztremskis seid Sieger, und dabei bleibt es.«

Man trank und lachte und ereiferte sich ritterlich – niemand wollte gewonnen haben.

Da öffnete sich, elf Uhr nachts, die Tür – und wer stand da? Großmutter im Reitkleid und Kapotthütchen, so rosig wie je. »Ich höre«, sagte sie, »daß noch ein Stückchen Weges fehlt. Wo ist der Elefant?«

»Gnädigste«, antwortete Erdödy feierlich, »der Elefant will seinen Frieden. Wenn sie darauf bestehen, noch eine Viertelmeile zu machen, werden wir Sie so weit tragen – Pongrácz, Kulmer und ich.«

Großmutter blieb noch eine Stunde bei den jungen Herren und wurde sehr gefeiert.

Im Triumph fuhr sie nächsten Tags, von den Herren wie eine Braut umworben, im Wagen nach Duboka zurück.

Den Preis der Wette, neuntausend Gulden, erhielt Ma-uh; er ist damit zurück nach Siam gegangen.

Denn man brauchte ihn nicht mehr: Auf Zureden meines Vaters stifteten die Jasztremski ihren Elefanten dem Tiergarten.

Christine Nöstlinger
Werter Nachwuchs

Ich habe es Euch ja schon ziemlich oft gesagt, aber anscheinend muß ich es in regelmäßigen Abständen wiederholen, damit Ihr es endlich einmal zur Kenntnis nehmt! Also zum hundertsten Male: Ich bin kein kleines Kind! Wie? Das brauche ich Euch nicht zu sagen, das wißt Ihr ohnehin? Na, dann behandelt mich aber gefälligst auch nicht so! Es mag ja wirklich recht komisch für Euch sein, wenn eine Frau in meinem Alter nicht mehr immer fähig ist, sich neue Fremdwörter oder Fachausdrücke zu merken. Zerkugelt Euch ruhig, wenn ich einen Heizkörper für einen »Rabiater« halte und glaube, daß Du, werter Herr Sohn, mit einem »Düsen-Klapper« quer über Amerika geflogen bist. Aber müßt Ihr es wirklich so weit treiben, daß Ihr meine sprachlichen Irrtümer überall lachend herumposaunt? Ganz so, wie Eltern von kleinen Kindern kichernd die verballhornten Wörter wiedergeben, die ihr Nachwuchs so »rausschiebt«? Das nehmen üblicherweise sogar die kleinen Kinder ihren Eltern übel! Aber die, müßt Ihr bedenken, haben ja die sichere Gewißheit, daß sie bald größer und klüger werden und dann keiner mehr über sie wird lachen können! Ein alter Mensch hingegen, der hat diese Hoffnung nicht. Sein Gedächtnis wird höchstens schlechter, aber sicher nie mehr besser. Damit hat man sich abzufinden, auch wenn es einem nicht leichtfällt. Aber man erleichtert dem alten Menschen dieses Abfinden gewiß nicht dadurch, daß man Heiterkeitsausbrüche bekommt, wenn er einen neuen, ihm unbekannten Ausdruck nicht gleich beim ersten Hören behält. Aber schön, solang es beim Lachen bleibt, soll's mir recht sein. Gute Omas freuen sich über die gute Laune des Nachwuchses! Was ich aber gar nicht vertrage, ist, daß Ihr mich auch wie ein kleines Kind behandelt, wenn ich über irgend etwas anderer Meinung bin als Ihr! Früher, wenn das so war, habt Ihr mit mir gestritten. Heftig und stundenlang! Jetzt lächelt Ihr bloß milde und blinzelt Euch zu, und man sieht Euch an, daß Ihr denkt: Ach, die Oma! Lassen wir sie halt plappern! Hat ja von nichts eine Ahnung mehr!

Kleine Kinder »plappern«, weil sie noch nicht viel Verstand haben, alte Omas »plappern«, weil sie nimmer viel Verstand haben! So denkt Ihr anscheinend! Oder? Redet Euch bloß nicht darauf aus, daß Ihr mich »schonen« wollt, von wegen steigendem Blutdruck bei Debatten! Der steigt wesentlich mehr, wenn ich merke, daß sich ein Streit mit mir für Euch nimmer »lohnt«, meint

Eure Oma

****

Wütend erzählt Herr Lehmann seiner Frau: »Stell dir vor, die reiche Frau Baumann von nebenan hat ihrem Hund 100 000 Mark hinterlassen!« Frau Lehmann winkt ab: »Das wird nicht so einfach werden. Ich habe gehört, daß der Papagei das Testament anfechten will.«

***

Beim Familienausflug merkt die Mutter, daß ihre Tochter und der Schwiegersohn verschwunden sind. Sie fragt ihren Mann: »Was werden die beiden wohl machen?« Da brummt er: »Nachkommen.«

***

»Was führt Sie zu mir?« fragt der Arzt den Prälaten. »Ich habe den ganzen Tag unerträgliche Kopfschmerzen.« – »Wahrscheinlich essen Sie zu viel und zu gut.« – »Im Gegenteil: Ich halte strenge Fastendiät.« – »Dann trinken Sie zu viel Wein.« – »Keineswegs. Nur Wasser.« – »Aber Sie sind sicher ein starker Raucher.« – »Mein Leben lang habe ich noch keinen Tabak angerührt.« – »Dann gibt's nur eine einzige Erklärung: Ihr Heiligenschein drückt Sie.«

****

Frau Ziran ist untröstlich: »Stellen Sie sich vor, mein Mann ist von einer Dampfwalze überfahren worden und liegt im Krankenhaus.« – »Und wo?« – »Auf Zimmer sechs bis acht.«

***

Der Sieger des Marathonlaufs bricht im Ziel nicht zusammen, nein, er läuft im riesigen Stadion noch eine Ehrenrunde und hechtet zum Schluß über ein Turngerät. »Fabelhaft, nach solch einer langen Strecke noch diese Glanzleistung!« – »Kunststück, bei dem Anlauf!«

***

»Herr Doktor, kann ein Junge von acht Jahren sich den eigenen Blinddarm herausnehmen?« – »Auf keinen Fall!« – »Da hörst du es, Axel, tu ihn sofort wieder zurück!«

***

Der Reitschüler wagt seinen ersten Sprung. Das Pferd scheut und wirft den Reiter über das Hindernis. »Schon ganz gut«, lobt der Reitlehrer, »das nächste Mal müssen Sie nur noch das Pferd mitnehmen.«

Ludwig Thoma
Missionspredigt
des P. Josephus gegen den Sport

Liebe Christengemeinde!

Im vorigen Jahr habe ich euch den Unzuchtsteufel geschildert, der wo bei schlampeten Frauenzimmern unter dem Busentüchel wohnt oder gleich gar auf der nacketen Haut sitzt, wenn sie ihre seidenen Fetzen so weit ausschneiden.

Er freut sich über die höllische Wärme, die wo beim Tanzen aufakimmt, und rapiti capiti hat er den christlichen Jüngling bei der Fotzen oder beim Heft, mit dem er vielleicht liebevoll die giftigen Dünst' aufschmeckt.

Apage Satanas! sag i, apage du Höllenfürst! Aber natürlich die Menscher müssen flankeln, und wenn die Röck fliegen, merken sie nicht, daß ihnen der Spirigankerl den Takt pfeift.

Liebe Christengemeinde! Jetzt haben wir aber noch einen anderen Unzuchtsteufel, und der ist gleich gar ein Engländer und heißt Sport.

Jesses Marand Joseph! Wenn man mit leiblichen Augen zuschauen muß, wie da eine unsterbliche Seele nach der andern in die Hölle abirutscht und mit einem solchen Schwung, daß sie im Fegfeuer gleich gar nimmer bremsen kann! Rodelt's nur!

Rodelt's nur, ihr Malefizpamsen, daß euch die letzten Unterröck kopfaus in die Höh steigen und der Teufel gleich weiß, wo er anpacken muß. Zeigt's as nur her, eure Waderln und die schwarzen Strümpf und noch was dazu, daß euer Schutzengel abschieben muß über dem grauslichen Anblick!

Ja, was siech i denn da?

Ein Trumm Mensch, das schon zehn Jahr aus der Feiertagsschul is, schnallt sich Schlittschuh an, wie ein lausigs Schuldeandl, und rutscht am Eis umanand.

Und natürlich, er is aa dabei, der feine Herr mit sein Zwickerbandl hinter die Ohrwaschl!

Habt's as net g'hört, daß die Glocken zum heiligen Rosenkranz läut? Hörts net glei auf mit dem Speanzeln, und mit'm G'sichterschneiden und mit dene Redensarten, die von der Peppen ins Herz hinein tropfen!

O du Amüsierlarven, du ausg'schamte, was hängst denn du deine Augen so weit außer, daß ma's glei an der Knopfgabel putzen könnt?

Hat er was g'sagt, dein abg'schleckter Herzensaff? Hat er was g'sagt, daß deine Kuttelfleck vor lauter Freud in die Höh hupfen?

Und in Rosenkranz gehst net nei, du arme, verlorene Seel, und ausg'rutscht bist aa scho, und der Teufel hat di bei deine langen Haar?

Gelt, da schaugst, wenn di der Teufel mit der

glühenden Zang in dein Hintern zwickt, weil's d'n jetzt gar a so drahst? Ja, ja, ja, ja! – Ja, was kimmt denn da daher?

D' Frau Muatta mit die zwoa Töchter auf die Ski?

San S' da, Madam, und hat's Ihnen neig'schmissen in den Schneehaufen, daß de dicken Elefantenfüaß zum Firmament aufistengan? Da kann ja unser Herrgott a halbe Stund lang nimmer aba schaug'n, sunst muaß er dös abscheuliche Schasti-Quasti sehg'n. Pfui Teufi! sag i, pfui Teufi!

Und de Fräulein Töchter, habe die Ehre!

Plumpstika, liegt auch schon da!

Freili, was ma siecht, is ja netter, als wie bei da Frau Mama. Aber g'langt denn dös net, daß Ihnen da Herr Verehrer vom Hofball her bis zum Nabel kennt? Muaß er no mehra sehg'n? Muß Eahna denn der Teufel aa bei der untern Partie derwischen?

Ja, strampeln S' nur mit die Füaßerln! Er schaugt scho hin; er siecht's scho! Servus, Herr Luzifer! Da kriag'n S' amal a feins Bröckerl in den höllischen Surkübel. Amen!

Phyllis Theroux
Die besten Dinge im Leben

Als ich noch das Geld hatte, meinen Träumen nachzujagen, kämmte ich regelmäßig die Immobilienseiten unserer Lokalzeitung durch. Ich war auf der Suche nach einem günstigen Landhaus, das mir später als Altersruhesitz dienen sollte und das ich dann meinen Kindern vererben wollte, auf daß sie nach meinem Tod wie Kennedys der Arbeiterklasse leben konnten. Ich stellte mir vor, wie sie dort frei von finanziellen Sorgen Holz hackten, Zinnien anpflanzten und Schinken zum Räuchern in den Kamin hängten.

Leider verflüchtigte sich dieser Traum, ohne daß ich es recht bemerkte, weil ich ständig akute Finanzsorgen zu bewältigen hatte. Stromrechnungen, Schulgeld und andere Ausgaben, die für ein funktionierendes Familienleben unerläßlich waren, mußten zuerst bestritten werden. Und so ist an die Stelle meines Traumes, meinen Kindern ein paar kleine Häuschen auf dem Lande zu hinterlassen, die Hoffnung getreten, daß sie das, was ich ihnen jetzt bieten kann, in die Lage versetzen wird, später für sich selbst zu sorgen.

Es vergeht ja kein Tag, an dem ich durch meine bloße Existenz nicht eine andere Art von Erbe für meine Kinder vergrößere oder auch gefährde. Und obwohl ich ihnen natürlich gerne einen ganz konkreten Notgroschen für unsichere Zeiten vermacht hätte, bin ich doch fest davon überzeugt, daß ich sie nicht mit leeren Händen zurücklassen werde, selbst wenn ich ihnen keinen Penny hinterlasse.

Als mein Vater starb, hinterließ er uns bezahlte Rechnungen sowie die Genugtuung und den Trost, daß wir während seiner letzten Tage bei ihm gewesen waren, und er hinterließ so viele ganz eigene Vermächtnisse von sich als Mensch, wie er Kinder hatte. Von meinem Vater habe ich einen Sinn für das Absurde geerbt – als ich klein war, las er mir lieber Geschichten von James Thurber vor als Märchen –, eine Vorliebe für teuer gekleidete Männer – er sah stets wohlhabender aus, als er war – und die feste Überzeugung, daß kein Problem zu knifflig ist, als daß man es nicht lösen könnte, wenn man es nur oft genug dreht und wendet und aus den ungewöhnlichsten Blickwinkeln betrachtet.

Zu den negativen Eigenschaften meines Vaters gehörte, daß er nicht gut Widerspruch verkraften konnte. Durch ihn hätte ich eigentlich Übung darin bekommen können, mich gegen einen starken Mann zu behaupten. Aber er gab mir nicht die Chance. Er war zwar durchaus nicht davon überzeugt, daß man als Vater immer alles am besten wußte, aber er hielt viel davon, diesen Mythos aufrechtzuerhalten. Wenn wir seinem manchmal tödlichen Zorn entgehen wollten, blieb uns nichts anderes übrig, als ebenfalls an den Mythos zu glauben. Auf diese Weise reichte mein Vater, wie die meisten Eltern, eine Reihe recht unterschiedlicher Gaben an uns weiter, und seine Kinder sind noch heute damit beschäftigt, sie auseinanderzusortieren, um herauszufinden, auf welche Weise sie ihr Leben beeinflußt haben.

Jetzt, wo ich selbst Kinder habe, steht es mir zu, Pläne zu schmieden und mir zu überlegen, was sie eines Tages erben werden. Dabei handelt es sich keineswegs nur um einen Blick in die Zukunft: Sie haben bereits einen erheblichen Anteil dessen erhalten, was ich zu geben habe oder auch nicht. Aber wenn auf lange Sicht die silbernen Kerzenleuchter und das Bargeld ausgehen, bevor ich abtrete, werden bestimmte beständige, dem nagenden Zahn der Zeit widerstehende Gaben zurückbleiben. Da meine Kinder derzeit an Geist und Körper gesund sind, würde ich ihnen gerne die Fähigkeit vermachen, die Zeit zu würdigen. Nicht die Zeit insgesamt, sondern die kleinen individuellen Päckchen unaufgeschnittener Druckbogen, die sich hie und da entfalten und damit dem Rest einen Sinn verleihen.

Als unser Hund vor einigen Jahren Junge bekam, lud ich Johanna und Justin und den gesamten

Wurf hinten ins Auto und fuhr mit ihnen auf ein Feld in der Nähe, damit sie dort herumtollen konnten. Der Himmel war blau, die Butterblumen standen in voller Blüte, und plötzlich wimmelte es auf dem Feld von herumpurzelnden Kindern und mageren, aufgeregten Hundebabys, die einander nachliefen. Ich nahm mir vor, diesen Augenblick im Gedächtnis zu behalten, denn er war für Sekunden einer der triumphalen Höhepunkte meines Lebens. Mögen meine Kinder die Freuden ihres Lebens nicht vergessen.

Als nächstes hoffe ich, daß ihnen viele schöne Erlebnisse in Erinnerung bleiben, die die negativen wettmachen, daß die Zeiten, in denen wir ganz nahe beieinander waren, jene, in denen wir auseinanderdrifteten, überwiegen mögen. Erfahrungen an die eigenen Kinder weiterzugeben ist eine heikle Angelegenheit. Das, woran ich mich erinnere, ist nicht notwendigerweise das, was ihnen im Gedächtnis bleiben wird, und ich bin sicher, daß Dutzende von Weihnachtsfesten, an denen ich geschuftet habe, damit auch ja alles eitel Wonne sein würde, auf der Müllkippe ihrer Erinnerung liegen. Und ebenso sicher bin ich, daß sich Zeiten, die ich längst vergessen habe, unauslöschlich in ihr Gedächtnis eingegraben haben. Wer weiß? Aber ich gehe davon aus, daß ich eines Tages Genaueres darüber erfahren werde: über die Zeit, als wir in den Sommerferien auf dem Weg in irgendeinen

Badeort in Nebraska in einem kleinen Restaurant an der Straße aßen, oder über den Tag, an dem ich sie zum Wasserskifahren an einen See mitnahm, dessen Name mir völlig entfallen ist.

Ich möchte herzlich gerne glauben, daß meine Kinder irgendwie begreifen, wie wunderbar das Leben auf jeder Ebene ist – oder vielleicht auch zwischen den Ebenen. Man braucht Kindern nicht erst zu sagen, daß das Leben ungerecht ist. Das weiß jeder. Aber um das Geheimnis des Lebens auszuloten, und sei es nur ganz am Rande, bedarf es, ähnlich wie zur Ergründung der Quantenphysik, etwas mehr Zeit und Kraftaufwand. Zu erkennen, wie »Gott in den kleinen Dingen« sichtbar wird (etwa in der Zeichnung eines Käfers), oder die metaphorische Verbindung zwischen der rhythmischen Zusammenziehung und Erweiterung des Herzens und der Dynamik der Liebe herzustellen – das sind Erlebnisse und Einsichten, die ich zu gern an meine Kinder weitergeben möchte, um ihnen zu helfen, die Welt als Kugel zu begreifen und nicht als flache Scheibe.

Die Seiten meines Tagebuches sind voll mit Gesprächen, die ich mit meinen Kindern geführt habe und die dem ahnungslosen Leser den unzutreffenden Eindruck vermitteln könnten, als sei diese spezielle Mutter nichts als ein Füllhorn voller Weisheit, das nur darauf wartet, über die Köpfe der Kinder ausgeschüttet zu werden. Ich verlasse mich da ganz auf meine Kinder. Sie werden meine Aufzeichnungen (voller eilig hingeworfener Randbemerkungen, unpassender Äußerungen und erbitterter Passagen) schon richtig verstehen. Doch wenngleich ich die Gespräche in erster Linie deshalb aufzeichne, um festzuhalten, welche Gedanken meine Kinder zum jeweiligen Zeitpunkt beschäftigten, erkenne ich deutlich, was man als Mutter alles unternimmt, um diese Gedanken zu bestätigen und für gültig zu erklären.

Als Stephan als Halbwüchsiger in einer besonders schwierigen Phase steckte, schrieb ich einmal ein Gespräch auf, das wir in der Küche geführt hatten und das damit begann, daß ich sagte: »Ich weiß, daß du das Gefühl hast, völlig im dunkeln zu tappen, und das ist verwirrend. Aber bitte glaub mir, daß das vorübergeht. Eines Tages wird es wieder hell.«

Er seufzte, nickte und meinte: »Noch verwirrender könnte es gar nicht sein.«

»Ich weiß«, bestätigte ich. »Das ist das Schlimme an der Dunkelheit.«

Ende des Gesprächs.

In allen Gesprächen, die Eltern mit ihren Kindern führen, erscheint es mir wichtig, den Kindern klarzumachen, daß wir dieselben Zeiten der Verunsicherung durchgemacht haben, dann aber wieder aus dem Dunkel aufgetaucht sind und die Sonne auf unserem Rücken gespürt haben. Vermutlich möchte ich, unkompliziert ausgedrückt, meinen Kindern das Geschenk der Hoffnung mitgeben.

Es wäre irreführend, davon auszugehen, daß mein abgewetztes schwarzes Tagebuch nur dazu dient, Wahrheiten von weltbewegendem Ausmaß festzuhalten. Gerade jetzt stieß ich beim Durchblättern auf ein Gespräch zwischen dem damals elfjährigen Justin und seinem zehnjährigen Freund über das Thema Mädchen, das ich zufällig aufschnappte:

Billy: Warum möchtest du denn eine Freundin?
Justin: Es macht einfach Spaß, eine zu haben.
Billy (zweifelnd): Wenn ich das perfekte Mädchen finde – dann vielleicht!
Justin: Du wirst schon eine finden. (Beginnt zu singen) »Somewhere over the rainbow.«
Billy: Also, wie stellst du dir denn das perfekte Mädchen vor?
Justin (gereizt): Weiß ich doch nicht.
Billy (hartnäckig): Ist sie dünn, blond, blauäugig und sehr nett?
Justin: Ja, so ungefähr, und sie reißt keine blöden Witze.
Billy: Ich will genauso eine wie du, nur möchte ich keine, die verrückt nach Sex ist.
Justin: Ich möchte eine, die es gelegentlich ganz gern mag.
Billy: Ich auch.

Als letztes Vermächtnis möchte ich meinen Kindern gerne Sinn für Humor hinterlassen. Mein Humor hat durch das Zusammenleben mit ihnen zugenommen.

***

Ein Büblein klagte seiner Mutter: »Der Vater hat mir eine Ohrfeige gegeben.« Der Vater aber kam dazu und sagte: »Lügst du wieder? Willst du noch eine?«

Johann Peter Hebel

Eugen Roth
Wohlstand

Ein Mensch läßt sich vom Scheine trügen
Und wähnt, das Leben sei Vergnügen.
Er hat sichs auch so eingerichtet,
Wie sich die Welt das Glück erdichtet:
Er ißt das Beste, trinkt und raucht,
Hat Rundfunk, Fernsehn, was man braucht;
Ja, mehr, als je er durft erwarten:
Er hat ein Haus mit einem Garten,
In schönster Gegend, beinah ländlich.
Und einen Wagen, selbstverständlich.
Auch ist, denn er hat klug gewählt,
Er durchaus angenehm vermählt.
Was soll ihm lästigs Kinderrudel?
Er hält dafür sich einen Pudel.
Er ist, der Leser merkt es schnell,
Für Null-acht-fünfzehn das Modell,
Sowohl daheim wie in den Ferien,
Wie's herstellt heut die Welt in Serien.
Der Mensch, so satt und matt und platt,
Ist stolz auf alles, was er *hat*.
Doch hat auf *Unheil* oft die Welt
Jäh die Erzeugung umgestellt –
Und sie verschleudert ganze Berge:
Glückspilze, Hausbars, Gartenzwerge,

Den eitlen Wirtschaftswunder-Mist:
Der Mensch muß zeigen, wer er *ist!*

Kurt Tucholsky
In der Hotelhalle

Ein Blick – und die Neese sitzt hinten.

Wir saßen in der Halle des großen Hotels, in einer jener Hallen, in denen es immer aussieht wie im Film – anders tut's der Film nicht. Es war fünf Minuten vor halb sechs; mein Partner war Nervenarzt, seine Sprechstunde war vorüber, und wir tranken einen dünnen Tee. Er war so teuer, daß man schon sagen durfte: wir nahmen den Tee.

»Sehen Sie«, sagte er, »es ist nichts als Übung. Da kommen und gehen sie – Männer, Frauen, Deutsche und Ausländer, Gäste, Besucher ... und niemand kennt sie. Ich kenne sie. Ein Blick – hübsch, wenn man sich ein bißchen mit Psychologie abgegeben hat. Ich blättere in den Leuten wie in aufgeschlagenen Büchern.«

»Was lesen Sie?« fragte ich ihn.

»Ganz interessante Kapitelchen.« Er blickt mit zugekniffenen Augen umher. »Keine Rätsel hier – ich kenne sie alle. Fragen Sie mich bitte.«

»Nun ... zum Beispiel: was ist der da?«

»Welcher?«

»Der alte Herr ... mit dem Backenbart ... nein, der nicht ... ja, der ...«

»Der?« Er besann sich keinen Augenblick.

»Das ist ... der Mann hat, wie Sie sehen, eine fulminante Ähnlichkeit mit dem alten Kaiser Franz Joseph. Man könnte geradezu sagen, daß er ein getreues Abbild des Kaisers sei – er sieht aus ... er sieht aus wie ein alter Geldbriefträger, den die Leute für gütig halten, weil er ihnen die Postanweisungen bringt. Seine Haltung, seine Allüren ... ich halte den Mann für einen ehemaligen Hofbeamten aus Wien – einen sehr hohen sogar. Der Zusammenbruch der Habsburger ist ihm sehr nahe gegangen, sehr nahe sogar. Ja. Aber sehen Sie doch nur, wie er mit dem Kellner spricht: das ist ein Aristokrat. Unverkennbar. Ein Aristokrat. Sehen Sie – in dem Mann ist der Ballplatz Wien; die ganze alte Kultur Österreichs; die Hohe Schule, die sie da geritten haben – tu, Felix, Austria ... Es ist sicher ein Exzellenzherr – irgendein ganz hohes Tier. So ist das.«

»Verblüffend. Wirklich – verblüffend. Woher kennen Sie das nur?«

Er lächelte zu geschmeichelt, um wirklich geschmeichelt zu sein; wie eitel mußte dieser Mensch sein! – »Wie ich Ihnen sage: es ist Übung. Ich habe mir das in meinen Sprechstunden angeeignet – ich bin kein Sherlock Holmes, gewiß nicht. Ich bin ein Nervenarzt, wie andere auch – nur eben mit einem Blick. Mit dem Blick.« Er rauchte befriedigt.

»Und die Dame da hinten? Die da am Tisch sitzt und auf jemand zu warten scheint – sehen Sie, sie sieht immer nach der Tür ...«

»Die? Lieber Freund, Sie irren sich. Die Dame wartet nicht. Sie erwartet wenigstens hier keinen. Sie wartet ... ja, sie wartet schon. Auf das Wunderbare wartet sie. Lassen Sie ... einen Moment ...«

Er zog ein Monokel aus der Westentasche, klemmte es sich ein, das Monokel fühlte sich nicht wohl, und er rückte es zurecht.

»Das ist ... Also das ist eine der wenigen großen Kokotten, die es noch auf dieser armen Welt gibt. Sie wissen ja, daß die Kokotten aussterben wie das Wort. Die bürgerliche Konkurrenz ... Ja, was ich sagen wollte: eine Königin der käuflichen Lust. Minder pathetisch: eine Dame von großer, aber wirklich großer Halbwelt. Donner ... Donnerwetter ... haben Sie diese Handbewegung gesehen? Die frißt Männer. Sie frißt sie. Das ist eine ... Und in den Augen – sehen Sie nur genau ihre Augen an ... sehen Sie sie genau an ... in den Augen ist ein Trauerkomplex, ein ganzer Garten voller Trauerweiden. Diese Frau sehnt sich; nach so vielen Erfüllungen, die keine gewesen sind, sehnt sie sich. Daran gibt es keinen Zweifel. Fraglich, ob sie jemals das finden wird, was sie sucht. Es ist sehr schwierig, was sie haben will – sehr schwierig. Die Frau hat alles gehabt in ihrem Leben – alles. Und nun will sie mehr. Das ist nicht leicht. Dieses verschleierte Moll! Kann sein, daß sich ein Mann ihretwegen umgebracht hat – es kann sein – das kann ich nun nicht genau sagen. Ich bin nicht allwissend; ich bin nur ein Arzt der Seele ... Ich möchte diese Frau geliebt haben. Verstehen Sie mich – nicht lieben! Geliebt haben. Es ist gefährlich, diese Frau zu lieben. Sehr gefährlich. Ja.«

»Doktor ... Sie sind ein Cagliostro ... Ihre Patienten haben nichts zu lachen.«

»Mir macht man nichts vor«, sagte er. »Mir nicht. Was wollen Sie noch wissen? Weil wir grade einmal dabei sind ...«

»Der da! Ja, der Dicke, der jetzt aufsteht – er geht – nein, er kommt wieder. Der mit dem etwas rötlichen Gesicht. Was mag das sein?«

»Na, was glauben Sie?«

»Tja ... Hm ... heute sieht doch einer aus wie der andere ... vielleicht ...«

»Einer sieht aus wie der andere? Sie können eben nicht *sehen* – sehen können ist alles. Das ist doch ganz einfach.«

»Also?«

»Der Mann ist Weinhändler. Entweder der Chef selbst oder der Prokurist einer großen Weinfirma. Ein energischer, gebildeter Mann; ein willensstarker Mann – ein Mann, der selten lacht und trotz des Weines nicht viel von Humor hält. Ein ernster Mann! Ein Mann des Geschäftslebens. Unerbittlich. Haßt große Ansammlungen von Menschen. Ein Mann des Ernstes. Das ist er.«

»Und die da? Diese kleine, etwas gewöhnlich aussehende Madame?«

»Panter, wie können Sie so etwas sagen! Das ist – (Monokel) das ist eine brave, ordentliche Bürgersfrau aus der Provinz ... (Monokel wieder in den Stall) – eine brave Frau, Mutter von mindestens vier Kindern, aufgewachsen in den Ehrbegriffen der kleinbürgerlichen Familien – geht jeden Sonntag in die Kirche – kocht für ihren Mann, flickt ihren Bälgern die Hosen und Kleidchen – es ist alles in Ordnung. Die übet Treu und Redlichkeit und weicht keinen Fingerbreit ... die nicht.«

»Und der da, Doktor?«

»Sehen Sie – *das* ist der typische Geldmann unserer Zeit. Da haben Sie ihn ganz. Ich könnte Ihnen seine Lebensgeschichte erzählen – so klar liegt die Seele dieses Menschen vor mir. Ein Raffer. Ein harter Nehmer in Schlägen. Der läßt sich nicht unterkriegen. Gibt seine Zeit nicht mit Klimperkram ab; liest keine Bücher; kümmert sich den Teufel um etwas anderes als um sein Geschäft. Da haben Sie den amerikanisierten Europäer. Mit den Weibern – Himmelkreuz! – Es ist sechs ... Seien Sie nicht böse – aber ich habe noch eine dringende Verabredung. Ich muß mir gleich einen Wagen nehmen. Zahlen! – Die Rechnung ...«, verbesserte er sich. Der Kellner kam, nahm und ging. Der Doktor stand auf.

»Was bin ich schuldig?« fragte ich aus Scherz.

»Unbezahlbar – unbezahlbar. Alles Gute! Also ... auf bald!« Weg war er.

Und da ergriff mich die Neugier, da ergriff sie mich. Noch saßen alle analysierten Ofer da – alle. Ich schlängelte mich an den Hotelportier heran, der von seinem Stand aus die Halle gut übersehen konnte. Und ich sprach mit ihm. Und ließ etwas in seine Hand gleiten. Und fragte. Und er antwortete. Und ich lauschte.

Der österreichische Höfling war ein Nähmaschinenhändler aus Gleiwitz. Die große Hure mit dem Trauerkomplex eine Mrs. Bimstein aus Chicago – nun war auch ihr Mann zu ihr an den Tisch getreten, unverkennbar Herr Bimstein. Der Prokurist der großen Weinfirma war der Clown Grock. Die pummelige Mama war die Besitzerin eines gastlichen Etablissements in Marseille; der freche Geldmann war ein Dichter der allerjüngsten Schule –

Und nur der Psychologe war ein Psychologe.

Die Autoren

PETER BAMM (eigtl. Curt Emmrich): Geb. am 20. Oktober 1897 in Hochneukirch (Nordrhein-Westfalen), gest. am 30. März 1975 in Zürich, studierte Sinologie und Medizin. Mit 26 Jahren begann er Feuilletons für die ›Deutsche Allgemeine Zeitung‹ zu schreiben.

›Dämon 39²‹ wurde mit freundlicher Genehmigung der Deutschen Verlags-Anstalt GmbH, München, aufgenommen. (Aus: P. B., ›Anarchie mit Liebe‹, Stuttgart 1962.)

ERMA BOMBECK: Geb. am 21. Februar 1927 in Dayton/Ohio, gest. am 22. April 1996 in San Francisco, begann mit 37 Jahren zu schreiben. Ihre heiteren Kolumnen über den Alltag in der Familie wurden in den USA in über 800 Tageszeitungen publiziert.

›Humor ist, wenn man ...‹ (aus: E. B., ›Ich hab' mein Herz im Wäschekorb verloren‹, Bergisch Gladbach 1981. Deutsch von Isabella Nadolny) und ›Es geht wieder aufwärts‹ (Epilog aus: E. B., ›Wenn meine Welt voll Kirschen ist, was tu ich mit den Kernen?‹, Bergisch Gladbach 1980. Deutsch von Isabella Nadolny) wurden mit freundlicher Genehmigung des Gustav Lübbe Verlags GmbH, Bergisch Gladbach, aufgenommen.

ILSE GRÄFIN VON BREDOW: Geb. am 5. Juli 1922 in Teichenau (Schlesien). Sie wuchs auf einem Waldgut in der märkischen Heide auf und lebt seit Anfang der fünfziger Jahre als Journalistin in Hamburg.

›Das Kusinchen‹ wurde mit freundlicher Genehmigung des Scherz Verlags, Bern, aufgenommen. (Aus: I. G. v. B.,

›Kartoffeln mit Stippe. Eine Kindheit in der märkischen Heide‹, Bern/München 1979.)

ART BUCHWALD: Geb. am 20. Oktober 1925 in Mount Vernon (USA), ist einer der populärsten Kolumnisten der amerikanischen Presse. Er schreibt seit 1948 Satiren für die Europa-Ausgabe der ›New York Herald Tribune‹. Seine Glossen erscheinen weltweit in Tageszeitungen.

›Der Elektriker kommt!‹ wurde mit freundlicher Genehmigung des Verlags nymphenburger in der F. A. Herbig Verlagsbuchhandlung GmbH, München, aufgenommen. (Aus: A. B., ›In den Pfeffermühlen. Die neuesten Satiren‹, München 1991. Deutsch von Klaus Budzinski.)

SINASI DIKMEN: Geb. 1945 in der Türkei, kam 1972 in die Bundesrepublik und lebt heute als freischaffender Schriftsteller und Kabarettist in Frankfurt am Main.

›Kein Geburtstag, keine Integration‹ wurde mit freundlicher Genehmigung des Autors aufgenommen. (Aus: ›Als Fremder in Deutschland. Berichte, Erzählungen, Gedichte von Ausländern‹. Hrsg. von Irmgard Ackermann. Deutscher Taschenbuch Verlag GmbH & Co. KG, München 1982.)

TRUDE EGGER: Geb. 1943 in Spittal an der Drau (Kärnten), Mutter von drei inzwischen erwachsenen Söhnen, arbeitete freiberuflich für Zeitungen und Rundfunk, lernte nach ihrer Scheidung Sprachen und jobbt seitdem als Reiseleiterin, Aushilfskellnerin, Nachhilfelehrerin u. a.

›Manchmal hab ich das Gefühl, der Eierschneider mag ihn lieber als mich‹ wurde mit freundlicher Genehmigung des Scherz Verlags, Bern, aufgenommen. (Aus: T. E., ›Er streichelt die Katze öfter als mich. Heitere Geschichten aus dem Familienleben einer Frau von heute‹, Bern/München/ Wien 1988.)

Lisa Fitz: Geb. 1951 in Zürich als Kind einer Münchener Theaterfamilie. Musikausbildung, Tanzunterricht, Schauspielschule. 1972 wurde sie durch die Moderation einer volkstümlichen Fernsehsendung und ihren selbstgeschriebenen Hit ›I bin bläd‹ über Nacht bekannt. Danach verschiedene Fernseh-, Film- und Theaterrollen, Kabarettsoloprogramme und -bühnenshows.

›I bin traurig‹ wurde mit freundlicher Genehmigung des Bleicher Verlags GmbH u. Co KG, Gerlingen, aufgenommen. (Aus: L. F., ›Die heilige Hur'‹, Gerlingen 1988.)

Axel Hacke: Geb. 1956 in Braunschweig, studierte Politische Wissenschaften und besuchte die Deutsche Journalistenschule in München. Seit 1981 Redakteur bei der ›Süddeutschen Zeitung‹.

›Ein Radler fährt schwarz‹ (aus: A. H., ›Nächte mit Bosch. 18 unwahrscheinlich wahre Geschichten‹, München 1991) und ›Alles vergeblich‹ (aus: A. H., ›Der kleine Erziehungsberater‹, München 1992) wurden mit freundlicher Genehmigung des Verlags Antje Kunstmann GmbH, München, aufgenommen.

Ursula Haucke: Lebt in Berlin, ist freie Schriftstellerin und für Rundfunk und Fernsehen tätig. Hauptautorin der Sendereihe ›Papa, Charly hat gesagt...‹

›Onkel Fred kann immer ganz ernst bleiben, wenn er spinnt‹ wurde entnommen aus: U. H., ›Ich hab geschielt, und Papa war beleidigt. Notizen aus Karolines Tagebuch‹, Deutscher Taschenbuch Verlag GmbH & Co. KG, München 1983.

JOHANN PETER HEBEL: Geb. am 10. Mai 1760 in Basel, gest. am 22. September 1826 in Schwetzingen, studierte Theologie, war Lehrer und später Direktor am Karlsruher Gymnasium. 1807 übernahm er die Redaktion des ›Badischen Landkalenders‹, der in ›Der Rheinländische Hausfreund‹ umbenannt wurde. Dort ist 1807 ›Der Zahnarzt‹ erstmals erschienen.

ELKE HEIDENREICH: Geb. am 15. Mai 1943 in Korbach/Waldeck, verbrachte ihre Jugend im Ruhrgebiet, studierte Germanistik, Theaterwissenschaft und Publizistik in München, Hamburg und Berlin. Arbeitet seit 1970 als freie Autorin und Moderatorin für Funk, Fernsehen und verschiedene Zeitungen.

›Staat und Umwelt‹ wurde mit freundlicher Genehmigung der Autorin und des Rowohlt Taschenbuch Verlags GmbH, Reinbek, aufgenommen. (Aus: E. H., ›Darf's ein bißchen mehr sein?‹, rororo 5462, Reinbek bei Hamburg 1984.)

INGE HELM: Geb. am 4. Mai 1938 in Köln, war von 1973 bis 1976 Legastheniker-Therapeutin in Köln, später Verlagssekretärin. Sie hat drei Kinder, lebt in Engelskirchen, verfaßt Reise- und Kochbücher und arbeitet für Rundfunk- und Zeitungsredaktionen.

›Vergeßlichkeit liegt bei uns in der Familie‹ wurde dem erstmals 1987 (u. d. T. ›Männer vom Umtausch ausgeschlossen‹) veröffentlichten Buch der Autorin ›Die Rechnung getrennt, bitte‹ entnommen. (Alle Rechte bei der Autorin.)

IRMGARD KEUN: Geb. am 6. Februar 1905 in Berlin, aufgewachsen in Köln, war Schauspielerin und seit Erscheinen ihrer beiden ersten Romane (›Gilgi‹ und ›Das kunstseidene

Mädchen‹) Anfang der dreißiger Jahre eine erfolgreiche Schriftstellerin. 1933 wurden ihre Bücher beschlagnahmt. 1936 ging sie ins Exil und kehrte 1940 illegal nach Deutschland zurück. Sie starb am 5. Mai 1982 in Köln.

›Die Brüllzelle‹ wurde mit freundlicher Genehmigung von Martina Keun-Geburtig, vertreten durch Gisela Freifrau von der Recke, Köln, aufgenommen. (Aus: I. K., ›Wenn wir alle gut wären‹, Köln 1983.)

SIEGFRIED LENZ: Geb. am 17. März 1926 in Lyck (Ostpreußen), lebt heute als freier Schriftsteller in Hamburg.

›Ein sehr empfindlicher Hund‹ wurde mit freundlicher Genehmigung des Hoffmann und Campe Verlags, Hamburg, aufgenommen. (Aus: S. L., ›Der Geist der Mirabelle. Geschichten aus Bollerup‹, Hamburg 1975.)

CHRISTIAN MORGENSTERN: Geb. am 6. Mai 1871 in München, gest. am 31. März 1914 in Meran, war Redakteur, Schriftsteller und Dramaturg. Er wurde bekannt durch die grotesken ›Galgenlieder‹ (1905) und die ihnen folgenden Bände ›Palmström‹ (1910), ›Palma Kunkel‹ (1916) und ›Der Gingganz‹ (1919), aus dem das hier abgedruckte Gedicht ›Der Schnupfen‹ entnommen wurde.

CHRISTINE NÖSTLINGER: Geb. am 13. Oktober 1936 in Wien, lebt als freie Schriftstellerin abwechselnd in ihrer Geburtsstadt und im Waldviertel. Sie schreibt Kinder- und Jugendbücher und ist für Zeitungen, Rundfunk und Fernsehen tätig.

›Verschwiegen wie ein altes Waschweib‹ wurde mit freundlicher Genehmigung des Niederösterreichischen Pressehauses, St. Pölten, aufgenommen. (Aus: C. N., ›Salut für Mama‹, St. Pölten/Wien 1992.)

›Werter Nachwuchs‹ wurde mit freundlicher Genehmigung des Dachs-Verlags GmbH, Wien, aufgenommen. (Aus: C. N., ›Liebe Tochter, werter Sohn!‹, Wien 1992.)

ALEXANDER RODA RODA: Geb. am 13. April 1872 als Sandor Friedrich Rosenfeld in Puszta Zdeni (Slawonien), gest. am 20. August 1945 in New York, war Soldat, Journalist, Presseoffizier und Schriftsteller. Er arbeitete am ›Simplicissimus‹ mit, schrieb Anekdoten, Humoresken, Schwänke, satirische Romane und Komödien.

›Großmutter reitet‹ wurde mit freundlicher Genehmigung des Paul Zsolnay Verlags, Wien, aufgenommen. (Aus: R. R., ›Großmutter reitet und andere Kapriolen‹, Wien/Hamburg 1981.)

HERBERT ROSENDORFER: Geb. am 19. Februar 1934 in Bozen, ist promovierter Jurist und Professor für bayerische Literatur. Er war Gerichtsassessor in Bayreuth, dann Staatsanwalt und ab 1967 Richter in München, von 1993 bis 1997 in Naumburg/Saale.

›Die springenden Alleebäume‹ wurde mit freundlicher Genehmigung des Verlags nymphenburger in der F. A. Herbig Verlagsbuchhandlung GmbH, München, aufgenommen. (Aus: H. R., ›Ball bei Thod. Erzählungen‹, München 1980.)

EUGEN ROTH: Geb. am 24. Januar 1895 in München, gest. am 28. April 1976 ebenda. Er studierte Germanistik, Geschichte und Kunstgeschichte, war Redakteur, seit 1933 freier Schriftsteller.

›Der Husten‹, ›Autos überall!‹, ›Kranke Welt‹, ›Apotheker‹, ›Seltsam genug‹ und ›Wohlstand‹ wurden mit freundlicher Genehmigung der Dr. Eugen Roth Erben, München, aufgenommen. (Aus: E. R., ›Sämtliche Werke‹, München 1977.)

HANS SCHEIBNER: Geb. am 27. August 1936 in Hamburg, ist gelernter Verlagskaufmann, Journalist, Texter und Liedermacher. Bekannt wurde er u. a. durch seine satirische Fernsehsendung ›Scheibnerweise‹. Er lebt in Hamburg.
›Die Eumeniden von Ohlsdorf‹ wurde mit freundlicher Genehmigung des Autors aufgenommen. (Aus: H. S., ›Lemminge, Lemminge‹, München 1984.)

MICHAIL SOSTSCHENKO: Geb. am 10. August 1895 in Poltawa, gest. am 22. Juli 1958 in Leningrad, Studium der Rechte in Petersburg, schloß sich 1921 als freier Schriftsteller der literarischen Gruppe der Serapionsbrüder an. Schildert in humoristisch-satirischen Skizzen Menschen im sowjetischen Alltag.
›Eine geheimnisvolle Geschichte‹ wurde entnommen aus: M. S., ›Das Himmelblaubuch‹, Deutscher Taschenbuch Verlag GmbH & Co. KG, München 1966. Deutsch von Ilse Mirus.

PHYLLIS THEROUX: Mutter von zwei adoptierten und einem eigenen Kind, lebt in Washington, D. C. Sie schreibt für Zeitungen und Zeitschriften und hat mehrere Bücher veröffentlicht.
›Die besten Dinge im Leben‹ wurde mit freundlicher Genehmigung der Autorin/Michael Meller, München, aufgenommen. (Aus: P. T., ›Meine Kinder tun das auch. Gutenachtgeschichten für Eltern‹, München 1990. Deutsch von Irene Rumler. Rechte an der Übersetzung beim Deutschen Taschenbuch Verlag GmbH & Co. KG, München.)

LUDWIG THOMA: Geb. am 21. Januar 1867 in Oberammergau, gest. am 26. August 1921 in Rottach-Egern, studierte Rechtswissenschaft. 1899 verkaufte er seine Anwaltskanzlei und wurde Redakteur bei der satirischen Zeitschrift ›Simplicissimus‹.

KURT TUCHOLSKY: Geb. am 9. Januar 1890 in Berlin, Freitod am 21. Dezember 1935 in Hindås bei Göteborg (Schweden). Jurastudium in Berlin und Genf, seit 1911 journalistisch tätig. 1923 für kurze Zeit Volontär in einem Bankhaus, ging im gleichen Jahr nach Paris und lebte seit 1929 in Schweden.

›In der Hotelhalle‹ wurde mit freundlicher Genehmigung des Rowohlt Verlags GmbH, Reinbek, aufgenommen. (Aus: K. T., ›Gesammelte Werke‹, Band 3, Reinbek bei Hamburg 1960.)

Von den Autoren dieses Bandes sind in der Reihe
dtv großdruck erschienen:

Ilse Gräfin von Bredow:
Kartoffeln mit Stippe (25081)

Siegfried Lenz:
Das serbische Mädchen (25124)
Lehmanns Erzählungen (25141)
Die Klangprobe (25172)

Christine Nöstlinger:
Werter Nachwuchs (25076)
Management by Mama (25177)

Herbert Rosendorfer:
Briefe in die chinesische Vergangenheit (25044)
Ein Liebhaber ungerader Zahlen (25152)
Stephanie und das vorige Leben (25184)

Hans Scheibner:
Der Weihnachtsmann in Nöten (25036)

In der gleichen augenfreundlichen Schrift
bei dtv erschienen:

Anne Biegel / Heleen Swildens
Wo ist denn meine Brille?
Briefwechsel zweier Frauen über das Älterwerden
Deutsch von Hanne Schleich
dtv 25100

Anne Biegel / Heleen Swildens
Mitreden ist Gold
Anne und Heleen setzen ihren Briefwechsel
über das Älterwerden fort
Deutsch von Hanne Schleich
dtv 25107

Anne Biegel / Heleen Swildens
Lust und Plage der späten Tage
Neue Briefe der Autorinnen von
›Wo ist denn meine Brille?‹
Deutsch von Hanne Schleich
dtv 25145

»Die beiden Autorinnen wagen eine tabufreie Bestandsaufnahme der Probleme alter Menschen. Ein ernsthaft-heiteres Buch für Alte und Junge.«
Utz Utermann in der ›Hörzu‹

In der gleichen augenfreundlichen Schrift
bei dtv erschienen:

Lach doch wieder!
Geschichten, Anekdoten,
Gedichte und Witze

Zusammengestellt von
Helga Dick und Lutz-W. Wolff
dtv 25137

Es kann schon mal vorkommen, daß einem das Lachen vergeht. Wichtiger ist allerdings, daß es wieder zurückkommt! Lachen und Weinen gehören zusammen, und ein bißchen Galgenhumor ist allemal besser als Selbstmitleid und Verzweiflung. Geben doch, wie die hier versammelten Geschichten, Anekdoten, Gedichte und Witze beweisen, die Gründe für unser Unglücklichsein oft genug auch zur Heiterkeit Anlaß. Es geht uns besser, wenn wir zu den Dingen und zu uns selbst ein bißchen Distanz haben, das zeigen Peter Bamm, Erma Bombeck, Ilse Gräfin von Bredow, Art Buchwald, Sinasi Dikmen, Trude Egger, Lisa Fitz, Axel Hacke, Ursula Haucke, Johann Peter Hebel, Elke Heidenreich, Inge Helm, Irmgard Keun, Siegfried Lenz, Christian Morgenstern, Christine Nöstlinger, Alexander Roda Roda, Herbert Rosendorfer, Eugen Roth, Hans Scheibner, Michail Sostschenko, Phyllis Theroux, Ludwig Thoma und Kurt Tucholsky.

In der gleichen augenfreundlichen Schrift
bei dtv erschienen:

Viele schöne Tage
Ein Lesebuch
Zusammengestellt von Helga Dick
und Lutz-W. Wolff
dtv 25126

Vierzehn ungewöhnliche Erzählungen.

»Schöne Tage – man wünscht sie anderen, und man wünscht sie sich selbst. Manche schönen Tage scheinen vorprogrammiert: Hochzeiten, Jubiläen, Geburtstage und natürlich der Urlaub. Aber wer sich selbst besser kennt, weiß auch, daß es oft die unauffälligen Stunden sind, die Glück und Zufriedenheit ausmachen, die seltsame Begegnungen und Überraschungen bringen und am Ende das Leben verändern. Einige dieser Augenblicke sind hier festgehalten von Madison Smartt Bell, Heimito von Doderer, Barbara Frischmuth, Peter Härtling, Marlen Haushofer, Franz Hohler, Hanna Johansen, Marie Luise Kaschnitz, Roland Koch, Siegfried Lenz, Margriet de Moor, Isabella Nadolny, Herbert Rosendorfer und Christa Wolf.